"十三五"国家重点出版物出版规划项目

转型时代的中国财经战略论丛

中国要素市场配置与制造业出口品质升级

戚建梅 著

中国财经出版传媒集团

经济科学出版社

Economic Science Press

图书在版编目（CIP）数据

中国要素市场配置与制造业出口品质升级/戚建梅著.
—北京：经济科学出版社，2020.9
（转型时代的中国财经战略论丛）
ISBN 978-7-5218-1862-8

Ⅰ.①中… Ⅱ.①戚… Ⅲ.①生产要素市场-研究-中国 ②制造工业-出口贸易-研究-中国 Ⅳ.①F249.22②F426.4

中国版本图书馆 CIP 数据核字（2020）第 175714 号

责任编辑：宋　涛
责任校对：王苗苗
责任印制：李　鹏　范　艳

中国要素市场配置与制造业出口品质升级
戚建梅　著
经济科学出版社出版、发行　新华书店经销
社址：北京市海淀区阜成路甲 28 号　邮编：100142
总编部电话：010-88191217　发行部电话：010-88191522
网址：www.esp.com.cn
电子邮箱：esp@esp.com.cn
天猫网店：经济科学出版社旗舰店
网址：http://jjkxcbs.tmall.com
北京季蜂印刷有限公司印装
710×1000　16 开　9 印张　150000 字
2020 年 11 月第 1 版　2020 年 11 月第 1 次印刷
ISBN 978-7-5218-1862-8　定价：38.00 元
(图书出现印装问题，本社负责调换。电话：010-88191510)
(版权所有　侵权必究　打击盗版　举报热线：010-88191661
QQ：2242791300　营销中心电话：010-88191537
电子邮箱：dbts@esp.com.cn)

总　序

转型时代的中国财经战略论丛

山东财经大学《转型时代的中国财经战略论丛》（以下简称《论丛》）系列学术专著是"'十三五'国家重点出版物出版规划项目"，是山东财经大学与经济科学出版社合作推出的系列学术专著。

山东财经大学是一所办学历史悠久、办学规模较大、办学特色鲜明，以经济学科和管理学科为主，兼有文学、法学、理学、工学、教育学、艺术学八大学科门类，在国内外具有较高声誉和知名度的财经类大学。学校于2011年7月4日由原山东经济学院和原山东财政学院合并组建而成，2012年6月9日正式揭牌。2012年8月23日，财政部、教育部、山东省人民政府在济南签署了共同建设山东财经大学的协议。2013年7月，经国务院学位委员会批准，学校获得博士学位授予权。2013年12月，学校入选山东省"省部共建人才培养特色名校立项建设单位"。

党的十九大以来，学校科研整体水平得到较大跃升，教师从事科学研究的能动性显著增强，科研体制机制改革更加深入。近三年来，全校共获批国家级项目103项，教育部及其他省部级课题311项。学校参与了国家级协同创新平台中国财政发展2011协同创新中心、中国会计发展2011协同创新中心，承担建设各类省部级以上平台29个。学校高度重视服务地方经济社会发展，立足山东、面向全国，主动对接"一带一路"、新旧动能转换、乡村振兴等国家及区域重大发展战略，建立和完善科研科技创新体系，通过政产学研用的创新合作，以政府、企业和区域经济发展需求为导向，采取多种形式，充分发挥专业学科和人才优势为政府和地方经济社会建设服务，每年签订横向委托项目100余项。学校的发展为教师从事科学研究提供了广阔的平台，创造了良好的学术生态。

习近平总书记在全国教育大会上的重要讲话，从党和国家事业发展全局的战略高度，对新时代教育工作进行了全面、系统、深入的阐述和部署，为我们的科研工作提供了根本遵循和行动指南。习近平总书记在庆祝改革开放 40 周年大会上的重要讲话，发出了新时代改革开放再出发的宣言书和动员令，更是对高校的发展提出了新的目标要求。在此背景下，《论丛》集中反映了我校学术前沿水平、体现相关领域高水准的创新成果，《论丛》的出版能够更好地服务我校一流学科建设，展现我校"特色名校工程"建设成效和进展。同时，《论丛》的出版也有助于鼓励我校广大教师潜心治学，扎实研究，充分发挥优秀成果和优秀人才的示范引领作用，推进学科体系、学术观点、科研方法创新，推动我校科学研究事业进一步繁荣发展。

伴随着中国经济改革和发展的进程，我们期待着山东财经大学有更多更好的学术成果问世。

山东财经大学校长

2018 年 12 月 28 日

前　言

转型时代的中国财经战略论丛

改革开放40多年来，我国已经基本实现了产品市场的市场化进程，但包括劳动力、资本及各种中间品等要素市场的市场化进程一直很缓慢，全国各地区均存在较严重的要素市场配置扭曲现象。长期以来，一直存在着产品市场和要素市场不均衡发展的局面。当然，这种人为的要素市场配置扭曲与改革开放以来我国经济发展战略、基本国情等是密不可分的。改革开放初期，为了加快经济发展，提高人民生活水平，我们实施了出口导向外贸发展战略和"三步走"国民经济发展战略。为了让这些经济发展战略更容易实现，我国各级地方政府通过掌控本地区要素资源的使用、交易等权利，人为地压低了各要素的使用成本，从而显著降低了我国各类产品（尤其是出口产品）的生产成本，获得了显著的价格优势，从而带动了我国出口贸易的高速增长、人民生活水平的快速提升以及国民经济实力的显著提高。在巨大的出口价格优势面前，制造业出口品质升级问题并没有得到足够的重视。

应该承认的是，各要素市场配置的扭曲很大程度上加剧了我国依靠各类要素大量投入推动经济增长的粗放型经济增长模式。从资源供给的稀缺性角度来看，这种经济发展模式是难以长期持续的。另外，在我国"入世"以后，世界各国针对来自我国出口产品所采取的反倾销、反补贴等贸易救济措施日益增多，对我国出口的持续发展也带来了较大的阻碍。要素市场配置扭曲的长期持续存在会使得我国出口产品遭遇国外反倾销、反补贴更加频繁，这势必会严重影响我国出口的长期可持续增长。换言之，依靠各类要素市场配置的负向扭曲来强化我国出口产品的价格优势越来越困难。此外，随着各国人民生活水平的日益提高，对高质量产品的需求会日益增多，低质、低价的产品市场份额会越来越小。

在这种背景下，如何提高制造业出口品质是众多企业必须面临和认真考虑的重要现实问题。综合以上几个方面，目前我国众多企业所面临的问题是，片面依靠要素市场配置的扭曲来继续发挥价格优势的生存模式难以为继，同时，制造业出口品质的提高也是必须要解决的一大问题。

那么，我们的问题就是，要素市场配置扭曲带动我国出口高速增长的同时，它对我国制造业出口品质是否也产生了影响？要素市场配置扭曲如何影响我国的制造业出口品质升级？改革开放以来我国制造业出口品质的变迁是否能从要素市场配置扭曲的视角给予合理的解释？

我国是一个劳动密集型产品的生产和出口大国，劳动力一直是我国绝大多数产品生产过程中投入的关键要素，在劳动力市场配置扭曲的刺激下，劳动密集型产品的生产一直是我国的传统优势。劳动力市场配置扭曲在降低产品生产成本的同时，它会刺激企业扩大规模，增加企业的利润。那么，这个过程中是否会带来规模效应？利润的增加是否会刺激企业加大产品的研发和质量提升力度？此外，劳动力与其他要素的配置扭曲是否会影响到产品生产过程中各要素的配置效率进而影响出口品质？还有，劳动力市场配置扭曲是否会存在显著的生产经验累积效应？如果存在，它对出口品质又会产生怎样的影响？上述一系列问题的回答和解决，都有助于我们重新审视我国劳动密集型行业的发展和出口品质提升问题，因而具有重要的实践意义。

除了劳动力市场配置扭曲外，资本市场配置扭曲也是我国要素市场配置扭曲的重要组成部分。长期以来，我国国有企业和民营企业在融资利率上，一直存在歧视性待遇。国有企业往往能够得到政府的大力资助和融资便利，而民营企业却很难得到与国有企业类似的待遇。那么，资本市场配置扭曲对企业制造业出口品质又会产生怎样的影响？这种影响是否会因企业所有制的不同和产品要素密集度的差异而存在区别？换言之，资本市场配置扭曲对劳动密集型产品和资本技术密集型出口品质的影响有何区别？这个问题的回答对我国今后资本要素的市场化改革以及各类产品制造业出口品质的提升均具有重要意义。

随着经济全球化的日益加强和垂直专业化分工的日益加剧，我国对中间品进口的规模越来越大。从理论层面来看，进口中间品往往具有高的附加值和技术含量，因此它对我国制造业出口品质升级应该具有显著的促进作用。但值得注意的是，很多中间品的进口都是跨国公司的行为，它们往往从海外公司总部或分公司以"转移价格"进口中间品，那么"转移价格"的存在如何影响出口品质？进口中间品的价格存在怎样的扭曲？中间品市场配置扭曲影响制造业出口品质的渠道和机制是怎样的？对此问题的研究和回答有助于我国理性甄别不同中间品对出口品质的影响，从而对我国制造业出口品质升级起到非常重要的作用。

基于上述问题，本书尝试从要素市场配置扭曲的视角，分析我国制造业出口品质升级问题。首先，我们对我国劳动力、资本及中间品等各类要素的配置扭曲状况进行测度，得出基本特征事实；其次，分别讨论其对出口品质的作用渠道和影响机制以及制约条件，得出基本理论假设；再次，我们利用工业企业数据库和海关数据库的相关合并数据，从经验层面考察各要素市场配置扭曲对我国制造业出口品质升级的影响；最后，我们基于理论与实证分析的基本结论，从要素市场配置扭曲的视角探讨我国制造业出口品质升级的渠道、路径及对应的政策建议。

本书从要素市场配置扭曲的视角探讨我国制造业出口品质变迁与提升问题，从理论层面看，它有助于为制造业出口品质升级提供新的研究视角，丰富对制造业出口品质决定因素的研究内容；从实践层面来看，它为政府等相关决策部门为当前我国制造业出口品质升级问题提供重要的决策依据，同时它也有助于我国各要素的市场化改革思路和方向提供了重要的理论依据和参考价值。

目　录

转型时代的中国财经战略论丛

第1章　引言 ·· 1
　1.1　选题背景与研究意义 ·· 1
　1.2　研究框架与研究内容 ·· 3
　1.3　主要研究方法 ··· 4
　1.4　创新点和不足 ··· 5

第2章　文献综述 ··· 8
　2.1　要素市场配置文献综述 ··· 8
　2.2　出口品质文献综述 ·· 16
　2.3　本章小结 ·· 23

第3章　要素市场配置扭曲对出口品质影响的理论分析 ······················· 25
　3.1　要素市场配置扭曲对出口品质影响机理 ·································· 25
　3.2　要素市场配置扭曲对出口品质影响方向和制约条件 ··················· 31
　3.3　本章小结 ·· 41

第4章　要素市场配置扭曲与我国制造业出口品质特征性事实 ·············· 43
　4.1　我国劳动力市场配置扭曲状况 ··· 43
　4.2　我国资本市场配置扭曲状况 ·· 52
　4.3　我国中间投入品市场配置扭曲状况 ·· 56
　4.4　我国制造业出口品质变迁状况 ··· 59
　4.5　本章小结 ·· 64

第5章 要素市场配置扭曲对中国制造业出口品质升级影响的实证分析 …… 66

5.1 计量模型、变量构造和数据说明 …………………………… 66

5.2 要素市场配置扭曲对制造业出口品质升级初步
估计结果 ………………………………………………………… 72

5.3 内生性分析 …………………………………………………… 75

5.4 劳动力市场配置扭曲的分样本检验 ………………………… 78

5.5 资本市场配置扭曲的分样本检验 …………………………… 89

5.6 进口中间品市场配置扭曲的分样本检验 ………………… 100

5.7 本章小结 ……………………………………………………… 109

第6章 研究结论与政策含义 ………………………………………… 111

6.1 研究结论 ……………………………………………………… 111

6.2 我国制造业出口品质升级路径与政策建议 ……………… 115

参考文献 ………………………………………………………………… 123

第1章 引　　言

本章为引言部分，主要内容包括选题背景、研究意义、研究框架与内容、研究方法、创新点与不足等几个方面。

1.1　选题背景与研究意义

1.1.1　选题背景

改革开放以来，我国各产品市场均陆续展开了快速的市场化改革，并取得了显著的成效，绝大多数产品市场基本形成了市场在配置资源中的决定性地位。但是，包括劳动力、资本、各类中间品等在内的各生产要素市场化改革却相当滞后。到目前为止，各生产要素市场仍存在比较突出的市场分割及配置扭曲现象。不可否认的是，要素市场配置扭曲是我国改革开放过程中遗留下来的特殊产物，也成为我国要素市场存在的典型特征事实。

应当承认的是，要素市场配置扭曲在改革开放相当长的一段时间内，有助于我国各地区乃至整个国民经济的快速增长。在依靠要素投入推动经济增长的相当长一段时间内，劳动力、资本及中间投入品要素的配置扭曲，会在很大程度上降低我国出口产品的生产成本，形成比较明显的价格竞争力，从而带动我国出口和国民经济高速增长。另外，经济"赶超战略"的实施也迫使各级地方政府纷纷通过有效控制、垄断本地区的各种资源要素市场，通过人为地压低各类要素的使用价格，就可以为本地区更大规模地、更快速地吸引外资提供良好的"廉价资源保障"。此外，基于对部分国有企业和国家经济安全等行业的特殊照顾，我国各要素市场也呈现出较严重的市场分割和要素市场配置扭曲不统一的局面。简言之，各要素市场配置的长期扭曲在很大程度上是我国经济发展战略、发展模式及所有制结构下的特殊产物。

然而，随着近年来劳动力价格以及原材料、各资源要素成本的快速上涨，传统依靠劳动力等生产要素成本优势的经济增长模式遭受到严峻的考验。我国劳动密集型出口产品的价格优势迅速丧失，众多出口企业面临成本上涨的巨大压力，部分退出市场，部分企业陷入用工荒的尴尬境地。尤其是步入新常态时期之后，这种局势愈发严峻。受此影响，近年来我国出口增长极其缓慢[①]。在此背景下，制造业出口品质的快速提升成为众多出口企业亟须解决的一大现实问题。那么，我们很容易会提出一系列问题：要素市场配置扭曲对企业制造业出口品质有何影响？我国要素市场配置扭曲的长期持续是否抑制了我国制造业出口品质升级？要素市场配置扭曲对企业制造业出口品质升级存在怎样的作用机制？能否从要素市场配置扭曲的视角去解释我国制造业出口品质的变迁与升级路径？

在学术界，关于要素市场配置扭曲的文献很多，已有文献基于我国要素市场配置扭曲这一典型特征事实，从不同的视角探讨了要素市场配置扭曲对我国经济的影响，如要素市场配置扭曲对企业出口、企业生产率或经济效率、研发与创新、要素错配、产业结构、收入分配等的影响。然而，到目前为止，从要素市场配置扭曲的视角分析我国制造业出口品质的升级问题的研究尚不多见。

1.1.2 研究意义

本书基于我国经济发展步入新常态为研究大背景，以要素市场配置扭曲为切入点，侧重探讨各要素市场配置扭曲对我国制造业出口品质的影响。本书拟研究的主要内容包括：我国各类生产要素市场配置扭曲的基本状况及其基本特点；我国制造业出口品质的演变趋势和现状特点；劳动力、资本及中间品要素市场配置扭曲对出口品质的作用机制、影响

[①] 当然，这只是我国出口增长缓慢的其中一个重要原因。当前国际经济低迷也是我国出口增长缓慢的另一大原因。

渠道和约束条件；劳动力、资本及中间品市场配置扭曲对我国制造业出口品质升级的作用方向和影响程度；我国制造业出口品质升级的路径选择和政策建议等内容。

上述研究内容具有较强的理论和实践意义。在理论层面，本书尝试从要素市场配置扭曲的视角切入分析我国制造业出口品质升级的路径，这在一定程度上拓展了我国制造业出口品质升级的研究维度，从而为更完整地解读我国制造业出口品质的变迁与升级提供了新的视角。在实践层面，目前我国众多出口企业面临出口品质升级的关键时期，而本书的研究为我国企业的制造业出口品质升级提供了较强的借鉴意义。同时，本书的研究为政府等决策部门制定我国今后出口战略、可持续外贸增长模式等都具有较强的政策指导意义和参考价值。

1.2 研究框架与研究内容

本书一共包括6章，各章节具体安排如下：

第1章为引言，主要包括选题背景与研究意义、研究框架与研究内容、主要研究方法、创新点和不足等内容。

第2章为文献综述，本章共分为3节。第1节对要素市场配置扭曲的测度方法及经济效应的相关文献进行系统梳理和简要评价；第2节对出口品质测度方法及我国制造业出口品质升级决定因素的相关文献进行系统梳理并简要评价；第3节为本章小结。

第3章为要素市场配置扭曲对出口品质影响的理论分析。本章共包括3节，第1节侧重分析劳动力、资本及中间品市场配置扭曲对出口品质的影响机制和作用渠道；第2节则在第1节的基础上，构建了关于要素市场配置扭曲影响出口品质的数理分析框架，分别论证劳动力、资本及中间品市场配置扭曲对出口品质的作用方向和约束条件，并据此提出理论假设，从而为后面的实证分析提供理论支持。本章最后1节为本章小结，是对前2节的理论分析结论进行的系统梳理和总结。

第4章为要素市场配置扭曲与我国制造业出口品质特征性事实。这一章共分为5节。第1节分析我国劳动力市场配置扭曲的发展历程、成因与典型特征事实；第2节对我国资本市场配置扭曲的成因、发展状况和特征性事实进行系统描述；第3节基于中间投入品扭曲的基本现状和发展趋势进行系统描述；第4节对我国制造业出口品质的发展变化趋势、发展特征等进行系统描述；最后1节为本章小结。

第5章为要素市场配置扭曲对中国制造业出口品质升级影响的实证分析。基于第3章的理论分析得出的基本假设和第4章的统计分析得到的基本事实，分别对劳动力、资本和中间品市场配置扭曲对我国制造业出口品质的影响进行经验考察。其中，第1节构造了计量模型与变量，对数据进行说明；第2节对要素市场配置扭曲和制造业出口品质升级进行初步估计；第3节进行内生性分析；第4节侧重考察劳动力市场配置扭曲对我国制造业出口品质的影响；第5节侧重考察资本市场配置扭曲对我国制造业出口品质的影响；第6节侧重考察进口中间品市场配置扭曲对我国制造业出口品质的影响。最后1节对上述实证检验做系统的总结。

第6章为研究结论与政策建议。其中，第1节对本书的理论分析与实证检验的主要结论进行系统总结；第2节从劳动力、资本及中间品市场配置扭曲的视角探讨我国制造业出口品质升级的路径和相应的政策建议。

1.3 主要研究方法

基于本书的研究内容，我们主要使用以下几种研究方法：

1.3.1 理论分析与实证检验相结合

本书首先对要素市场配置扭曲对制造业出口品质的影响渠道、作用机理、影响方向及制约条件进行理论层面的深度分析和论证，然后基于理论论证结果进行实证检验，从而实现了理论分析与实证检验的有机统一并较完整地对研究主题进行了研究。

1.3.2 定性分析和定量分析相结合

在分析要素市场配置扭曲对制造业出口品质的影响渠道、作用机制时，我们使用定性分析法；为了更细致地刻画各要素市场配置扭曲对我国制造业出口品质升级的影响，我们首先搜集相关数据信息，然后对数据进行整理和统计分析，再构建理论假设和计量模型，最后运用计量软件实现要素市场配置扭曲对制造业出口品质影响的估计系数，从而得到了关于各要素市场配置扭曲对我国制造业出口品质的作用方向和影响程度等详细的结论。

1.3.3 比较分析与综合分析相结合

本书研究了要素市场配置扭曲对我国制造业出口品质的影响，鉴于各要素市场配置扭曲及对出口品质的作用机制存在异质性，我们采用了比较分析法论证了各要素市场配置扭曲对出口品质的作用机制差异和实际影响差异，因此整个分析过程一直在运用比较分析法。此外，在阐述要素市场配置扭曲及我国制造业出口品质总体状况和发展趋势时，我们还需要使用综合分析法，来提炼和概括要素市场配置总体扭曲特征以及我国制造业出口品质的总体发展态势等。

1.4 创新点和不足

1.4.1 主要创新点

本书基于我国各生产要素均存在较严重的配置扭曲这一典型特征事实，从要素市场配置扭曲的视角分析了我国制造业出口品质升级的决定因素。总的来看，本书的创新点主要体现在以下几点：

第一，本书把要素市场配置扭曲与我国制造业出口品质升级结合在一起，从而为我国制造业出口品质升级提供了一个新的研究视角。从要素市场配置扭曲的视角探讨我国制造业出口品质的变迁与升级问题有助于更全面、更生动地解读我国出口品质变迁的原因和趋势。同时，它也有助于为我国制造业出口品质升级提供新的路径选择和政策建议，这也为我国出口的成功转型及出口的长期可持续增长提供宝贵的理论支撑和参考价值。

第二，基于各要素市场配置扭曲的异质性特征，本书把要素市场配置扭曲细分为劳动力市场配置扭曲、资本市场配置扭曲和中间品配置扭曲三类。在此基础上，深入研究了劳动力、资本及中间品市场配置扭曲对制造业出口品质的作用机制、影响渠道和方向及制约条件，并据此提出了本书的基本理论假设，为后面的实证检验提供了理论支撑。

第三，本书运用我国工业企业数据库和中国海关数据库的相关合并数据进行了较为详尽的实证考察，实证分析结论从总体上验证了理论分析假设，并得出了一些关于劳动力、资本及进口中间品市场配置扭曲对我国制造业出口品质升级影响较新的比较稳健的研究结论。

根据本书的实证分析结果，我们得到如下几个方面的实证创新：首先，劳动力市场配置扭曲对我国制造业出口品质存在显著的非线性特征，它并不总是抑制我国制造业出口品质升级；劳动力市场配置扭曲会通过要素市场配置扭曲效应、研发效应、生产率效应、经验累积效应及企业规模效应等的综合作用结果影响劳动力市场配置扭曲和我国制造业出口品质升级的方向。其次，资本市场配置扭曲总体上会显著抑制我国制造业出口品质升级，但这种影响会受到资本投入份额和资本市场配置扭曲度的双重制约。当资本投入份额和其配置扭曲度均处在一个合理的区间时，资本市场配置扭曲对出口品质的抑制最轻甚至会轻微促进我国制造业出口品质升级。最后，进口中间品市场配置存在负向扭曲和正向扭曲两种情形，低附加值进口中间品价格往往存在负向扭曲并且会抑制我国制造业出口品质升级，而高附加值进口中间品往往存在正向扭曲并且这种扭曲会显著促进我国制造业出口品质升级。

1.4.2 主要不足

受笔者水平、资料、数据的完整性及研究侧重点等的限制，本书可能会存在一些不足有待于以后解决：

第一，由于工业企业数据库中并没有对中间品进行细分，同其他已有文献一样，本书在实证分析时只考察了进口中间品市场配置扭曲对我国制造业出口品质的影响，笔者目前尚无法利用国内中间品数据进行实证考察。而受国内中间品市场分割和局部垄断的影响，我国国内中间品价格存在扭曲也是一个典型特征事实，如何从工业企业数据库中的中间品中分离出国内中间品，从而有效测度其配置扭曲度及对我国制造业出口品质升级的影响，将是本书笔者今后继续研究的一大方向。

第二，关于要素市场配置扭曲度的测度指标，本书与陈林等（2016）、施炳展和冼国明（2012）等的测度方法一致，用最基本的要素扭曲测度方法，即用要素边际产出与其价格的比值来衡量要素配置扭曲度。如果比值大于1，说明存在要素配置负向扭曲；如果比值小于1，说明存在要素配置正向扭曲。实际上，关于要素市场配置扭曲还有其他几种测度方法（如蒋含明，2013），每种方法都存在一些不足。在后续的研究中，本书将会使用多种方法分别测度我国要素的配置扭曲度，以增强估计结果的稳健性。

第2章 文献综述

2.1 要素市场配置文献综述

已有关于要素市场配置的文献可以分为两大类：第一类是关于要素市场配置扭曲测度方法的文献；第二类是关于要素市场配置扭曲的经济效应的相关文献。

2.1.1 要素市场配置扭曲测度方法

要素市场配置扭曲这个概念由来已久，它主要指的是发展中国家（包括一般的发展中国家和转型经济国家）的要素市场长期处在政府（或相关部门）的掌控下，从而使得要素资源配置被严重扭曲，要素价格与其机会成本（或边际产出）发生明显偏离的状况（Seddon and Wacziarg，2002）。要素市场扭曲一般通过要素价格扭曲、要素配置效率、要素市场化程度等来体现和测度。

在学术界，关于要素市场配置扭曲的测度方法主要有以下几种[①]：生产函数法、随机前沿分析法、要素市场化指数法、影子价格法及替代弹性法等。目前，学术界最常用的是前三种方法。

1. 生产函数法

生产函数法能够比较直观地反映要素实际价格与其边际产出值的偏

---

① 此处的要素价格扭曲指的是绝对价格扭曲。

离，并且其对应的数据较容易获取，因此它一直是学术界最常用的测度要素价格扭曲的方法之一。雷德（Rader，1976）较早地使用了柯布—道格拉斯生产函数法来测度要素价格扭曲度。后来，谢和克莱诺（Hsieh and Klenow，2009）也使用该方法测算了要素市场扭曲度。生产函数法的基本步骤：首先，选定一个生产函数（如柯布—道格拉斯生产函数）：$Y_{it} = AL^{\alpha}K^{\beta}M^{\gamma}$①；其次，对生产函数公式分别取各要素投入量的导数，得：$MP_L = \alpha Y/L$、$MP_K = \beta Y/K$、$MP_M = \gamma Y/M$；然后基于要素价格扭曲的基本定义，求出各要素的价格扭曲指数：$\tau_L = \alpha Y/wL$、$\tau_L = \beta Y/rK$、$\tau_M = \gamma Y/p_M M$。如果各要素价格扭曲值大于1，说明各要素实际价格低于其边际产出值，即存在要素价格负向扭曲情形；如果各要素价格扭曲值小于1，说明各要素实际价格高于其边际产出值，即存在要素价格正向扭曲情形。

后来，诸多学者使用该方法测度要素价格扭曲，如盛仕斌和徐海（1999）、赵自芳和史晋川（2006）、谢和克莱诺（2009）及施炳展和冼国明（2012）等。

需要指出的是，选用柯布－道格拉斯生产函数存在单位替代弹性的强假设，因此其估计结果可能会存在一定的估计偏差。鉴于此，王宁和史晋川（2015）对柯布－道格拉斯生产函数进行了适度改进，构造了时变弹性生产函数，即他们不再假定劳动力与资本投入份额一直不变，而是把它们均认为是时间t的变量，这样劳动力与资本会随时间变化，可以更准确地估计出每一期的要素边际生产力。

也有部分学者（如范志勇、毛学峰，2013；Aoki，2009；郝枫、赵慧卿，2010；蒋含明，2013）尝试使用超越对数生产函数（Transcendental Logarithmic Possibility Frontier，TL）来代替柯布—道格拉斯生产函数以放松单位替代弹性的强假设，但超越对数生产函数法使用参数较多，模型参数过多会造成自由度不足、变量间存在多重共线性问题较突出等问题。

2. 随机前沿分析法

斯科尔卡（Skoorka，2000）运用随机前沿分析技术，测算了最优要

---

① 在谢和克莱诺（2009）文献中，作者并没有把中间投入品纳入生产函数中，后来有学者对此进行了拓展，把中间品也纳入了生产函数中，从而使其更具一般性。

素生产可能性曲线和实际的要素生产可能性曲线之间的偏离，从实施效果的角度刻画了要素市场扭曲度。斯科尔卡建立模型的思路包括两种方法：第一种方法是非参数化的数据包络分析法（Data Envelopment Analysis，DEA），第二种方法是使用参数化的随机前沿分析法。第一种方法的优势在于它无须设立具体的函数形式，因此可以避免函数形式设定偏误造成的测度结果不准确问题。第二种方法的优点在于测度时不需进行过多的理论假设，并且经济含义更加丰富（程时雄、柳剑平，2014）。

随机前沿分析法的核心就是有效刻画生产可能性边际（PPF）。在利润最大化条件下，给定某个地区的资源禀赋和技术水平，企业将会在PPF曲线与相对价格相切的地方进行生产，但要素市场扭曲的存在会让这一理想状态很难实现。

随机前沿分析法的基本思路是：首先，基于某企业（地区）的要素禀赋状况和其技术水平，设定PPF曲线的具体形式；其次，基于给定的市场价格体系约束，求解该企业（地区）的收益最大化问题；再次，基于随机前沿生产函数，计算与最优贸易点对应的要素市场份额S，该份额是在要素市场处于完全竞争条件下最优的市场份额；最后，计算包含要素配置效率损失情形下的实际要素投入份额S′，进而求得要素市场配置效率损失：$S - S'$。

使用随机前沿分析法测度要素市场扭曲度的优点是，它能够同时测度产品市场和要素市场的扭曲程度进而整合研究，并且测度步骤比较严谨。该方法最大的问题是测度过程复杂，难以掌握和运用。

3. 要素市场化指数法

部分学者认为，我国产品市场化与生产要素的市场化严重不同步，存在较严重的市场分割现象，并且各地区、各行业的要素扭曲度均存在较明显的差异（盛仕斌、徐海，1999）。据此，国内学者张杰等（2011）基于各地区产品市场化程度与要素市场化程度的偏离，构建了要素市场扭曲指数。

市场化进程法测度要素市场扭曲的公式为：要素市场扭曲指数1＝（各地区产品市场化指数－本地区要素市场化进程指数）/各地区产品市场化指数，要素市场扭曲指数2＝（各地区总体市场化进程指数－本地区要素市场化进程指数）/本地区总体市场化进程指数。该方法的优点在于，它充分考虑了各地区产品市场化程度（或本地区总的市场化程度）与要素市场化程度在偏离程度上的差异性，并且它采用无量纲化的相对形式消除了这些指数的不可比性。使用市场化进程法所用的指标变量相对较少，但该方法也有一些不足，如各地区产品市场化指数、本地区总的市场化指数以及本地区要素市场化进程指数的测算数据获取方式比较单一[①]。

以上三种方法是关于要素市场（价格）绝对扭曲的较常用的测度方法。实际上，根据阿特金森和哈尔沃森（Atkinson and Halvorsen, 1980），除了要素价格绝对扭曲之外，要素价格扭曲还可以包括价格相对扭曲。它包括两层含义：在同一部门，它是指两种要素价格绝对扭曲程度的比较；如果在不同部门，约翰逊（Johnson, 1966）、蒙德拉克（Mundlak, 1970）、麦基（Magee, 1973）等指出，要素相对价格扭曲度是指两个要素在不同部门的价格比率不相等（如劳动力和资本在不同部门的价格比不相等）。

2.1.2 要素市场配置扭曲经济效应

要素市场配置扭曲是发展中国家（包括一般发展中国家和经济转型国家）典型的市场特征之一。鉴于此，诸多学者开展了对要素市场配置扭曲经济效应的研究。综合来看，学术界虽对要素市场配置扭曲的研究视角比较宽泛，但大多数学者的研究相对比较集中，大多数学者侧重研究了要素市场配置扭曲的出口效应、研发效应、经济（产业）结构升级效应、资源配置、经济失衡效应、收入分配效应等方面。

1. 要素市场配置扭曲的出口效应

要素市场配置扭曲的一个直接体现是要素价格低于其边际产出[②]，即出现要素价格被低估的情况。生产要素价格被低估直接导致产品生产成本的下降，因而提高了其价格竞争力。基于此，众多学者以我国为例展开了实证研究，也得到了基本一致的结论。如张杰等（2011）以我

[①] 目前，关于上述指数的测算一般采用樊纲、王小鲁等（2010）测算的《中国市场化指数进程报告》。除此之外，很少发现有别的数据获取渠道。

[②] 如果没有特别指出，本书所指的要素价格扭曲指的均是要素价格负向扭曲。

国要素市场存在较严重的价格扭曲为基本特征事实并基于我国要素市场存在严重的市场分割现象，构造了要素市场化指数，运用中国工业企业数据库等相关数据，考察了要素市场扭曲对中国企业出口的影响。研究发现：要素市场扭曲激励了中国企业出口，同时也激励了外资企业出口动机的加强，但研究发现，这种激励作用小于本土企业。研究还发现，要素扭曲程度较高的地区本土企业的利润率相对较低。唐杰英（2015）在要素价格扭曲的框架下测度了劳动力、资本及能源的要素价格扭曲度。研究发现：总体看三种要素的价格扭曲显著促进了我国出口的快速增长。但各要素扭曲对出口的影响却存在一些差异，如劳动力市场配置扭曲对国有企业的出口效应显著高于外资企业，而资本市场配置扭曲对国有企业出口影响不显著而对外资企业出口影响显著，能源价格扭曲对国有企业出口存在抑制效应，但对外资企业存在促进效应。施炳展、冼国明（2012）利用 1999~2007 年的微观企业数据，在有效控制了要素密集度、企业规模、外包、生产率、所有权属性及政府补贴等因素影响后，考察了要素价格扭曲对我国企业出口的影响。结论发现，要素价格负向扭曲显著促进了中国企业出口，在考虑内生性因素后，结论依然稳健。耿伟（2013）利用工业企业数据库和中国海关数据库的相关合并数据，从要素价格扭曲的视角考察了中国企业出口多元化特征。在控制企业规模、生产率、要素密集度等因素后，研究发现：要素价格扭曲提升了中国企业出口种类的多元化，并且这种影响在新出口企业及私营企业表现更为明显。研究还发现，企业规模的扩大以及政府补贴均有助于增强扭曲对出口种类多元化的影响。

2. 要素市场配置扭曲的要素配置、生产率效应

杨（Young，2000）对中国的要素市场扭曲的要素配置效应进行了探讨，指出中国地区市场分割局面会使得要素市场扭曲陷入恶性循环状态（distortions beget distortions），各级地方政府对本地区要素市场的掌控使得"寻租行为"泛滥，"寻租行为"的大量存在使得那些不受政府控制的市场损失了大量的资源要素，从而破坏了其资源配置，导致新的扭曲产生。因此，笔者认为，改革进程使得我国国内市场的分割现象日益严重，使得要素配置持续恶化，进而导致各地区的产品生产远离"比较优势"的基本模式。姚战琪（2009）运用 1985~2007 年我国经济总体和工业部门的相关数据，考察了我国的经济总体和工业部门的要素再配置效应。研究发现：改革开放后，我国要素再配置效应在经济总体六部门和工业部门的贡献率较低，劳动力要素的生产率配置效应为负，在工业部门资本要素的生产率再配置效应也为负。谢攀、林致远（2016）指出，受经济体制改革路径的影响，我国既存在受体制保护的传统生产部门（如国有经济和集体经济），又存在独立于体制之外的以发展市场为主导的生产部门，在"看得见的手"影响之下，两类部分生产要素市场分割现象越来越严重，并且导致其要素价格形成机制愈发扭曲。各级地方政府对本地资源和市场的保护使得跨行业（企业）的资源要素被大量低效率配置，造成了大量的产能过剩和配置效率损失。史晋川、赵自芳（2007）、王希（2012）的研究均认为，受利率市场化长期迟缓的影响，我国资本要素比劳动力要素市场扭曲更加严重，扭曲导致的要素错配程度也明显高于劳动力要素。

要素市场配置扭曲会破坏企业已有的要素配置比例进而降低各要素的配置效率。要素配置效率的下降是否会影响到企业生产率水平？部分学者对此问题展开了经验层面的考察，并且得出了一致的研究结论。如杜勒和魏（Dollar and Wei，2007）通过实证考察中国1万多家制造业企业的要素使用扭曲状况和企业全要素生产率后发现，如果减少资本市场配置扭曲，通过提高资本要素与其他要素的配置效率，在不增加投入的情况下，可以使企业生产率增加5%左右。谢和克莱诺（2009）通过测度中国和印度的要素错配状况，考察了要素错配对中国、印度制造业企业生产率的影响。研究发现，要素错配均显著抑制了两国工业企业生产率的提升。陈永伟和胡伟民（2011）通过把资源错配和效率损失纳入传统增长核算框架，分析了要素价格扭曲对我国制造业产出效率损失的影响。研究发现，要素价格扭曲造成了中国制造业内部各子行业之间的要素错配，并由此造成了实际产出和潜在产出之间大概15%的缺口。简泽（2011）考察了市场扭曲与产业内不同企业之间的生产率差异的内在联系，研究发现，在笔者选取的几个代表性行业里，产业内部跨企业的资源配置扭曲能够解释企业间的生产率差异的实质性部分；研究还发现，跨企业要素配置扭曲还导致了总量层面至少40%的全要素生产率损失。毛其淋（2013）运用1998～2007年高度细化的企业层面微观数据，考察了要素市场扭曲对企业生产率的影响，研究发现，要素市场扭曲对工业企业生产率的提高产生了显著的抑制作用，扭曲不仅抑制了企业内部生产率的提高，还显著降低了跨企业的要素配置效率。研究还发现，持续的贸易自由化会对扭曲的上述影响产生一定程度的矫正作用。袁鹏和杨洋（2014）首先采用影子成本模型考察了中国要素市场扭曲状况，然后运用1985~2010年省际层面的面板数据，考察了要素扭曲对经济运行效率的影响，研究发现：在2005年之前要素价格扭曲度较轻时，经济效率呈现逐步上升的趋势，但在2005~2010年造成要素配置效率下降，同时技术效率也出现下滑现象。

3. 要素市场配置扭曲的收入分配（财富转移）效应

要素市场配置扭曲在降低市场运行效率的同时，也在影响着社会财富的分配。部分学者考察了要素市场扭曲对收入分配效应的影响。如蔡昉等（2001）发现，中国长期以来存在的城乡和地区之间的劳动力市场扭曲现象严重影响了各要素的配置效率，并由此拉大了我国地区间收入差距的扩大。张曙光、程炼（2010）指出，中国长期以来对各类要素价格的管制扩大了对其使用者的收益，并基于2002年统计局编制的投入产出表等相关数据分别估算了要素价格扭曲引起的国内财富转移和国际财富转移。测算结果表明：2002年社会财富向垄断部门的转移高达2135亿~2417亿元，垄断部门劳动者报酬占比比就业人数占比高出12.3%；要素价格扭曲导致的财富国际转移主要靠贸易和资本流动实现，在样本期内，国际大宗商品价格上涨了1.2倍，而国际零售商品几乎没有变化。工业品价格国外上涨了1.8倍，而国内出厂价只涨了12%。加尔巴乔（Garbaccio，1994）用可计算一般均衡方法估算了中国不同经济部门的价格扭曲程度，并分析了放松与加强价格管制对利润和财富分配的影响，结果发现，在加强各部门价格管制后，财富分配更多地流向管制部门；而在放松价格管制后，这种财富转移效应会明显减弱。托维克（Torvik，2002）的研究指出，政府对部门生产要素部门价格的管控极容易产生"寻租"行为，要素价格扭曲越严重，既得利益者对资源租的争夺会更加激烈，财富的分配会越来越两极化，从长期来看，这会对一国的经济增长产生威胁。蒋含明（2013）利用1983~2010年我国各地区历史统计资料汇编、新中国50年统计资料汇编等相关数据，构造了反映地区收入差距的空间面板协整模型，考察了要素价格扭曲对我国居民收入分配的影响。研究发现，要素价格扭曲与泰尔指数之间存在着长期均衡关系，即从长期来看，一个地区或邻近地区要素价格扭曲程度的提高对该地区居民收入差距的增大都存在着显著的正向影响。

4. 要素市场配置扭曲的产业（经济）结构效应

部分学者侧重研究了要素价格扭曲对产业结构、宏观经济失衡的影响。如黄益平（2009）指出，要素价格扭曲从短期看会带来经济的快速增长，但从中长期来看，扭曲可能会带来要素配置效率下降和宏观经济结构的显著失衡。夏晓华、李进一（2012）运用 1980～2009 年我国行业层面的相关数据考察要素价格扭曲对产业结构的影响。研究发现：要素价格扭曲与产业结构变化之间存在互动关系；能源要素价格的严重扭曲导致第二产业中的重工业比重不断提高，从而成为我国制造业产业结构升级的重要障碍之一；生产要素的异质性扭曲是决定我国产业结构动态变化的基础和主要原因。林雪、林可全（2015）运用 1978～2013 年宏观层面数据，测度了我国资本、劳动力和能源的价格扭曲度，并通过建立 VAR 模型考察了各要素价格扭曲对经济失衡的影响。研究发现：各要素价格扭曲对我国消费、投资和出口均产生显著影响，从而导致宏观经济出现消费不足、投资过度等内部失衡以及外贸顺差过多等外部不平衡现象。郑振雄、刘艳彬（2013）通过构建一个关于要素价格扭曲、技术进步及产业演化的理论框架，深入剖析了劳动力、资本等要素价格扭曲及相对差异造成劳动密集型产业衰退缓慢的原因。姜学勤（2009）认为劳动力市场配置扭曲降低了普通职工收入，从而降低了消费水平；资本市场配置扭曲人为降低了资本使用报酬，刺激企业加大投资，盲目扩张规模，从而造成了资本要素的过度投入和部分产业出现严重的产能过剩问题。而张杰等（2011）及施炳展和冼国明（2012）的研究则从出口的角度分析要素价格扭曲对产业结构的影响。研究均发现，我国要素价格扭曲均刺激企业出口快速扩张，从而造成了劳动力、资本、资源能源等投入密集型部门的非理性扩张，在资源总量既定的情况下，从而造成了其他产业部门发展相对滞后，出现相对萎缩的现象。徐长生等（2008）、陈乐一、邵成芳（2008）研究指出，我国当前宏观经济需求结构的失衡是其内部失衡的重要原因，并认为各要素价格负向扭曲的存在使得我国长期以来出现低消费、高投资和高出口的不均衡格局。此外，王希（2012）、于立新、王栋（2012）也分别从要素价格扭曲的视角解释了我国宏观经济失衡的原因，得出了与上述学者基本一致的研究结论。

5. 要素市场配置扭曲的研发（创新）效应

要素市场配置扭曲在降低企业配置效率、抑制其全要素生产率提升的同时，是否对企业研发产生抑制作用？部分学者对此问题展开了实证层面的考察。相比而言，对此问题的研究文献相对较少。克莱森等（Claessens et al.，2008）、克瓦贾和米安（Khwwaja and Mian，2005）等的研究均表明，在要素市场被政府掌控的发展中，企业更倾向于与当地政府建立良好的政治关系以保证自己获得要素资源，维持自身产品的市场份额，在这个过程中，企业从事研发的动力会严重不足。博尔德林和莱维内（Boldrin and Levine，2004）的研究认为，在存在严重要素市场扭曲的经济体，从事研发企业会向政府寻租，以谋求政府对企业自身研发加强政策或财力方面的扶持或保护，从而减缓了企业研发升级的步伐。此外，康诺利等（Connolly et al.，1986）以及墨菲等（Murphy et al.，1993）的研究也得出了类似的结论。

在国内研究方面，张杰等（2011）运用2001~2007年中国工业企业数据库的相关数据信息，考察了要素价格扭曲对企业研发的影响。研究发现：在要素扭曲度越严重的地区，扭曲对企业研发的抑制效应越大；要素价格扭曲对不同所有制类型企业研发的影响存在显著差异性，要素价格扭曲对本土企业和外资企业的研发均会产生抑制作用。李平、季永宝（2014）使用1998~2011年的省际面板数据，运用多种实证检验方法考察了要素价格扭曲对企业自主创新活动的影响。研究发现，资本和劳动力市场配置扭曲均显著抑制了我国企业层面的自主创新活动。

2.2　出口品质文献综述

2.2.1　出口品质测度方法

出口品质是一个比较难以度量的指标，并且质量的高低与产品的技术含量并不是直接等同的关系。因此，关于出口品质测度方法一直难以被标准化和规范化。尽管如此，随着计量技术以及微观层面数据可获得性的增强，出口产品质量的测度方法一直在不断地完善和修正。

1. 单位价值法

斯古特（Schoot，2004）利用美国海关进口十分位数据，用单位价值量测度了它从其他国家进口产品的产品质量。笔者使用产品单位价值来衡量产品质量，同类产品中单位价值低的产品被认为是质量较低的产品，单位价值较高的产品被认为是质量较高的产品。后来，其他学者纷纷效仿此种方法，如胡梅尔斯和克莱诺（Hummels and Klenow，2005）、胡梅尔斯和希巴（Hummels and Skiba，2004）、哈拉克（Hallak，2006）、鲍德温和哈里根（Baldwin and Harrigan，2011）等。但该方法的优点是，对数据要求较低，数据可获得性强，测度简便。但产品价值高低不仅受质量影响，供求、成本、贸易政策等诸多因素都会影响产品单位价值量，所以单位价值法测度产品质量比较粗糙，误差较大。

2. 嵌套 Logit 方法

考虑到单位价值法在测度产品质量方面存在的主要不足，部分学者尝试对出口价格进行分解，分解出与产品质量无关的"纯净价格"和与产品质量有关的"非纯净价格"两部分，并基于产品"非纯净价格"与产品质量、市场份额、消费者偏好等的相关性运用迭代逼近的方法估测一国出口产品质量（Hallak and Schoot，2011；Amit，2011；王涛生，2013）。从逻辑和技术层面来看，该方法有效地弥补了单位价值法把价格完全等同于产品质量的假定，因此具有一定的合理性和先进性。但是该方法对数据要求较高，并且主要测度行业层面的产品质量，并不能测度企业层面的产品质量。

3. 产品层面"反推法"

随着微观数据获取型的逐步增强，很多学者基于一国海关产品层面的大量进出口数据，运用"事后反推"的方法来测度产品质量。虽然该方法几经改进，但其基本测度思路是一样的。

坎德瓦尔（Khandelwal，2010）基于"价格相同的产品，质量越好,出口数量也会越多"这一假设,把出口数量作为产品价格、质量、贸易政策等因素的函数,通过有效控制价格和贸易政策等因素的影响,剩余的就包含产品质量,然后通过对计量模型残差进行标准化处理,就可得到出口产品质量指数。

皮韦托和斯马格休(Piveteau and Smagghue,2013)在坎德瓦尔(2010)基础上,用出口市场份额代替出口产品数量,从而克服了出口数量过大可能产生的异方差问题。

热尔韦(Gervais,2009)、马克等(Mark et al.,2012)、乔尔(Joel,2011)则侧重对产品层面数据进行细分,从企业、年份、进口国及产品四个维度来测度某个企业在某年份出口到某国家某类产品的高度细化的产品质量。基于此,可以对出口产品质量进行汇总,就可以得到某企业某年份出口到某个国家所有产品以及该企业某年份所有出口产品的质量水平。

利用海关层面数据进行"反推法"是目前较新的测度一国企业层面出口产品质量的方法。但产品质量测度需要对工业企业数据库与海关数据库进行匹配。受两大数据库统计标准的差异以及存在大量的统计纰漏、统计错误等问题,导致在匹配完成后会有大量的企业样本丢失,只有一少部分数据相对完整的企业进入被测度和研究的对象中,并且它只能测度国有企业及销售收入在500万元以上的民营企业,它无法测度众多中小型民营企业的出口产品质量。

2.2.2 中国出口品质升级决定因素

近年来,随着出口品质测度方法的日益完善,众多学者开始从实证层面考察出口品质升级的决定因素。到目前为止,学者们对出口产品质量升级决定因素的研究视角已经比较宽泛。下面我们根据研究视角对已有中国出口产品质量升级相关文献进行综述并简要评论。

贸易自由化的视角。巴斯和斯特劳斯 - 卡恩(Bas and Strauss - Kahn,2012)、汪建新等(2015)及苏理梅等(2016)从贸易自由化的角度解释了我国出口产品质量的变迁路径,认为进口关税的下降会通过高附加值的中间品的大量引进以及竞争环境的加强等渠道显著地提升我国出口产品质量。刘怡、耿纯(2016)从企业出口退税的角度分析了出口产品质量的变动，他们利用 2002~2007 年工业企业数据库与海关数据库的合并数据进行实证考察。研究发现，无论是从企业层面还是从产品层面看，出口退税会通过加强竞争、降低成本、加强研发等渠道提升出口产品质量；企业出口退税率每提高 1%，企业出口产品质量会提高约 3.69%。赵春明、张群（2016）通过将进口关税引入质量生产函数，并加入目的国特征因素，建立了一个局部均衡的产品质量模型。理论分析结论为，进口关税的下降会通过增加高质量中间品而提高出口产品质量；随后的实证分析结果表明，进口关税显著地提高了我国出口产品质量，对质量偏好也更强烈，出口距离更远的目标市场尤其如此。

市场进入的视角。李坤望等（2014）从市场准入的视角探讨了我国出口产品质量演化的微观机制。他认为市场主体结构的变化会影响该段时间出口产品质量的变化。以此为基础，笔者利用 2000~2006 年 HS8 分位高度细化的数据进行了经验考察。研究发现，"入世"后，大量低品质出口关系进入出口市场是导致该时期我国出口产品质量出现下滑的重要原因。刘怡、耿纯（2016）从企业出口退税的角度分析了出口产品质量的变动。

生产率的视角。樊海潮、郭光远（2015）基于约翰逊（2012）的分析框架，分析了出口价格、产品质量和生产率的关系；认为出口价格存在质量效应和生产率效应；产品质量与生产率正相关；但去除产品质量后，产品价格与生产率负相关。在此基础上，笔者利用高度细化的海关数据库与工业企业数据库的微观合并数据检验了出口价格、生产率和出口产品质量的关系。研究结果支持了出口产品的质量效应和生产率效应，研究还发现，在质量波动幅度较大的行业或产品，产品价格与其质量、生产率的正相关关系更加显著。施炳展、邵文波（2014）从企业效率视角切入，认为企业生产效率和研发效率的提高均有利于我国出口产品质量升级。罗丽英、齐月（2016）从技术研发效率、技术转化效率和综合技术创新效率的视角分析了技术创新效率对我国出口产品质量升级的影响。笔者运用 2000~2013 年行业层面的数据，基于对 H-S 模型的修正测度了我国行业层面出口产品质量。研究发现：综合技术创新效率的提高显著促进了我国出口产品质量升级，技术研发效率只有在高技术行业才能显著提升出口产品质量，而技术转化效率对产品质量影响最大的行业是中等技术行业。

企业所有制的视角。张杰等（2014）基于工业企业数据库与海关数据库的合并数据，探讨了企业所有制形式对我国出口产品质量的影响。得出的基本结论是，私营所有制企业出口产品质量出现明显的下降趋势，而其他所有制性质的企业出口产品质量显著上升。而大量产品质量较低的私营企业频繁的市场进入与退出是导致样本期内我国出口产品质量出现 U 型变化趋势的主要原因。

企业持续出口时间的视角。陈晓华、沈成燕（2015）认为出口持续时间会显著地影响我国企业出口产品质量，得出我国企业出口时间与其产品质量呈反向变动的基本结论，但研究却发现，发达经济体持续出口时间对出口产品质量存在显著的正效应。

政府政策的视角。张杰等（2015）、施炳展和邵文波（2014）均从实证层面考察了政府补贴对我国出口产品质量的影响，但他们却得出完全相反的结论：前者认为政府补贴不利于企业产品质量升级，后者则认为政府补贴可以显著刺激企业出口产品质量升级。本书认为，这可能与他们的研究样本有关，如果从大样本的角度考察，政府补贴可能会显著地抑制产品质量升级；但如果从所有制角度把大样本细分，可能会因企业所有制性质的差异而出现不同的估计结果。

工资（收入）上升的视角。许明（2016）侧重研究了劳动报酬提高对企业出口产品质量的影响，笔者运用 2000~2006 年工业企业数据库与海关数据库的合并数据，在 Melitz – Polance 分解的基础上，探讨了员工超额劳动报酬对出口产品质量升级的影响。研究发现：提高劳动报酬会显著提升我国出口产品质量，劳动报酬每提高 1%，出口产品质量会提升 0.341%~0.474%；劳动报酬的提高对企业产品质量升级的影响与企业所有制有关，只有在民营企业才会实现上述促进作用，而在国有企业上述作用并不显著；劳动报酬的提高会通过企业自身成长效应和要素配置改善效应提高出口产品质量。张明志、铁瑛（2016）将产品质量异质性、效率工资同时纳入异质企业模型，考察了企业工资上涨对出口产品质量升级的影响。研究发现：工资上涨对产品质量的影响受到生产率的制约，只有在工资上涨能够显著提高企业生产率时，出口产品质量才会显著提升。在控制内生性（工资与生产率的交互作用以及出口产品质量对工资的反作用）之后，发现工资上涨会抑制产品质量升级。

进口中间品的视角。李秀芳、施炳展（2016）从进口中间品多元化的视角，分析了我国出口产品质量升级的决定因素。在理论层面，笔者认为进口中间品多元化能够通过边际成本、固定成本等渠道影响产品质量。在实证层面，笔者运用工业企业数据库与海关数据的相关合并数据进行了考察。研究发现，进口中间品多元化对我国出口产品质量升级的影响受到企业所有制、进口中间品来源地及年份的影响。上述影响只有在外资企业，来自经合组织（OECD）的中间品以及 2000~2003 年时进口中间品多元化才会显著促进我国出口产品质量升级。

内外资技术差距的视角。王明益（2013）则从技术差距的视角分析了我国七大制造业行业的出口产品质量。研究发现，技术差距的大小会显著影响我国出口产品质量，过大或过小的技术均会显著抑制我国出口产品质量升级，而只有适中的技术才能对我国出口产品质量升级产生显著作用。

此外，另有部分学者从对外直接投资的视角剖析我国制造业出口品质的变迁与升级问题。如杜威剑、李梦洁（2015）从对外直接投资的视角切入分析我国出口产品质量的变动。笔者运用 2001~2006 年海关数据库与中国工业企业数据库的匹配数据，并使用倾向得分匹配方法进行经验考察。研究发现，企业对外直接投资显著促进了我国出口产品质量的提升；出口产品质量会随着对外直接投资动机的不同而有所差异。景光正、李平（2016）也从企业对外直接投资动机的视角探讨我国出口产品质量，笔者运用 2002~2013 年省级面板和贸易微观数据进行实证考察。研究发现：对外直接投资对我国出口产品质量的净效应为正，对外直接投资会通过技术反馈效应、市场深化效应及资源配置效应对出口产品质量升级产生显著的促进作用，上述结论在控制内生性问题之后依然稳健。张凌霄、王明益（2016）通过对企业对外直接投资动机进行分类，认为不同的投资动机对产品质量会产生不同的作用机制。实证研究结果表明，如果不区分企业投资动机，企业对外直接投资动机并没有对我国出口产品质量产生显著性影响。但按企业投资动机进行的分组检验结果却表明，技术寻求型对外直接投资会显著促进我国出口产品质量升级，市场及效率寻求型对外直接投资均不会显著促进我国出口产品质量升级，资源寻求型对外直接投资则会显著抑制我国出口产品质量。研究还发现，任何一种动机的对外直接投资，再加上它与研发或人力资本的交互项之后，都能在一定程度上显著促进我国出口产品质量升级。

李玉梅（2016）则从对外直接投资区位选择的角度分析我国出口产品质量升级问题，笔者首先在理论层面从区位选择对产品质量的作用渠道和机制进行阐述。笔者认为，对外直接投资的区位选择体现了其不同的投资动机，而不同的投资动机又会通过逆向溢出效应作用于企业的技术水平、产品附加值和企业规模等，从而对企业出口产品质量产生影响。在实证层面，笔者运用对外直接投资统计公报、联合国贸发会议及世界投资报告等相关合并数据进行系统考察。结果发现，到发达经济体进行对外直接投资的动机是获取当地的战略资产，通过逆向技术溢出效应显著促进我国出口产品质量升级，但这种影响具有滞后性；到东盟和非洲的对外直接投资总体看不利于我国出口产品质量升级，而到这些地区对外投资的动机是资源获取型为主，同时它也存在行业差异性。

要素市场扭曲的视角。王明益（2016）则基于改革开放以来我国生产要素市场普遍存在较严重价格扭曲为典型特征事实，从生产要素价格扭曲的视角分析了我国出口产品质量问题。笔者分别探讨了劳动力、资本及中间品对产品质量的作用机制，提出了理论假设；以此为基础，运用2000~2007年的工业企业数据库和海关数据库的合并数据进行了实证考察。研究发现：劳动力市场配置扭曲在短期会显著抑制我国出口产品质量升级，但从中长期看，这种抑制作用会显著减弱甚至会促进产品质量升级；资本市场配置扭曲对产品质量的影响取决于扭曲所引起的规模效应和要素错配效应的综合作用。如果扭曲产生了企业规模不经济问题，再加上要素错配效应的存在，这时产品质量会下降。如果扭曲产生了企业规模经济，则企业出口产品质量是否升级取决于规模经济效应和要素错配效应的力量对比，如果规模经济效应大于要素错配效应，则产生产品质量升级现象，如果产生了规模不经济问题，则它与要素错配的双重作用会显著地降低产品质量。

除了上述研究视角外，还有部分学者从民族多样性、环境规制、金融发展等视角分析了我国制造业出口品质升级的决定因素。如梁等（Luong et al.，2013）尝试从民族多样性的角度分析出口产品质量。笔者运用发达经济体及发展中经济体的数据进行了实证分析，其研究结论是，一个国家民族多样性（如移民国家）的加强显著增强了一国出口产品质量水平，而如果一个国家缺乏民族多样性，则它会抑制本国出口产品质量的长期持续升级。彭冬冬等（2016）利用工业企业数据库和海关数据库的合并数据探讨了环境规制对出口产品质量的影响。研究发现：总体看，环境规制对我国出口产品质量升级影响呈倒 U 型。环境规制对产品质量的影响存在显著的行业差异，在污染密集型行业，环境规制对出口产品质量影响呈倒 U 型；而在清洁行业，环境规制对出口产品质量影响呈 U 型。研究还发现，环境规制对出口产品质量的影响还存在显著的企业所有制差异。蒲阿丽、林冰（2016）侧重从金融发展水平的视角分析了出口产品质量的决定因素。研究发现：金融发展对制造业出口产品质量具有显著的促进作用，同时它也会显著地提升制造业技术创新能力，但技术创新水平对金融发展提升出口产品质量存在一定的阻碍作用。

2.3 本章小结

本章我们系统地梳理了两类文献，一类是关于要素市场配置扭曲的测度及经济效应的相关文献。在要素市场配置扭曲的测度方法上，目前常用的方法包括生产函数法（包括柯布—道格拉斯生产函数和超越对数生产函数等）、随机前沿分析法和要素市场化指数法。每种测度方法都有其合理性和不足之处：生产函数法容易掌握，测度简便，但测度结果容易受生产函数形式的制约；随机前沿分析法处理过程比较复杂，难以掌握，并且数据要求较高；要素市场化指数法则侧重对存在严重地区要素市场分割的国家比较适合。因此，在实际测度时，要结合所测度的国家（地区）以及数据的可获得性等角度选择合适的扭曲测度方法。

已有文献对要素市场配置扭曲的经济效应的研究视角已经非常宽泛，文献大多从扭曲的生产率效应、研发效应、要素配置及生产率效应、产业（经济）结构效应、收入分配效应等视角进行分析。即便如此，我们认为已有文献仍存在以下主要不足：首先，要素价格扭曲的经济效应仍然存在一些新的视角，如扭曲的经验累积效应、要素配置改善效应。但已有文献很少涉足此类效应。其次，已有文献普遍不区分要素，只是笼统地分析要素价格扭曲的经济影响。实际上，劳动力、资本及中间品等要素的价格扭曲在扭曲程度或方向上很可能存在显著差异。因此，在后续的研究中，需要对生产要素进行细分，以体现各要素价格扭曲的异质性特征。

与本书相关的第二类文献是出口品质测度与升级决定因素的研究。在出口产品质量测度上，由于测度方法的不完善以及不同学者数据获取的渠道差异，大多已有文献所使用的出口产品质量测度方法都相对滞后，即它们很多并未使用目前国内外学术界较先进的方法（如仍较多学者仍使用出口单位价值来衡量出口产品质量），测度方法的粗糙可能会使测度结果的准确性和可靠性大打折扣。

在出口品质升级决定因素层面，目前研究视角非常宽泛，这为我国出口品质升级的研究提供了良好的理论支撑和决策依据。但需要指出的是，我国是一个经济转型国家，从计划经济向市场经济的过渡是一个相对较长的过程。这时，应该充分基于我国经济发展的基本特征事实去探讨我国出口品质升级的变迁路径和升级决定因素，即部分已有文献并没有充分考虑我国出口品质的当前经济环境和政策体制环境。如要素市场配置扭曲及要素地区市场分割仍是我国市场化改革过程中遗留的重要产物和典型特征事实，要素的价格扭曲会通过生产率、研发、要素配置、经验累积、企业规模等因素最终影响出口品质。但遗憾的是，已有文献大都没有从这个角度展开分析。

第 3 章 要素市场配置扭曲对出口品质影响的理论分析

本章侧重从理论层面探讨各要素市场配置扭曲对出口品质的影响机理、作用方向和制约条件等内容。由于各要素在生产过程中的角色和作用存在一定程度的差异,因而各要素市场配置扭曲对出口品质的影响机理也会存在异质性。因此,我们认为有必要分开讨论劳动力、资本和中间投入品三类要素的配置扭曲对出口品质的影响。

3.1 要素市场配置扭曲对出口品质影响机理

3.1.1 劳动力市场配置扭曲对出口品质影响机理

劳动力是产品生产中主要投入要素之一,对于劳动密集型产品而言更是如此。作为产品生产中投入的活的要素,劳动力要素在产品生产过程中对出口品质的作用也是独特的,在劳动力市场配置扭曲的不同阶段,其对出口品质的影响效应往往存在着一些差异。

在劳动力市场配置扭曲初期①,首先,劳动力市场配置扭曲会降低产品的生产成本,因此它会刺激企业扩大规模(尤其会扩大劳动密集型产品生产规模),由于企业规模的扩大是一个逐步的过程,因而在短期劳动力市场配置的负向扭曲难以引起显著的规模效应,此时它对出口品质一般不会产生显著的影响。其次,劳动力市场配置扭曲可能会使得企

---

① 基于我国劳动力市场扭曲的实际情况,我们仅以劳动力配置负向扭曲为例进行分析。

业增加劳动力要素的投入数量，使得企业各要素投入比例发生变化，进而引起要素配置效率的变化。如果劳动力市场配置扭曲前各要素的配置比例比较合理（或已经达到帕累托最优状态），则劳动力市场配置扭曲会降低各要素的配置效率，从而会阻碍出口品质升级。一般而言，受利润最大化的驱使，企业往往会盲目扩大劳动力要素的投入比例，从而容易引起劳动力与其他要素的不合理配置，从而一定程度上会抑制出口品质升级。最后，劳动力市场配置扭曲可能会刺激企业引进大量的非熟练劳动力，在非熟练劳动力大量引进初期，由于他们缺乏必要的生产技术或经验技能，因此会导致在非熟练劳动力引进初期企业劳动生产率的显著下降，从而不利于出口品质升级。此外，劳动力市场配置扭曲也会刺激企业加大研发人员的投入力度，但在短期研发投入的增加不会带来研发实力的提升，因此从短期看研发投入的扩大不会显著刺激出口品质升级。

由此可见，在劳动力市场配置扭曲短期，要素配置效应和生产率效应会比较显著（其他效应基本不存在或不显著）。根据上述分析可知，这两个效应对出口品质均会产生抑制作用。因此，我们的结论是：在劳动力市场配置扭曲短期，出口品质会下降。

下面我们讨论劳动力市场配置扭曲的中长期效应。随着劳动力市场配置扭曲时间的不断延长，它对出口品质的影响主要体现在企业规模效应、生产率效应、经验累积效应、研发效应等环节。

劳动力市场配置扭曲的规模效应。首先，企业规模会显著扩大，由此可能会产生规模效应，规模经济的产生会降低企业的管理成本，增加企业利润，从而提升企业的市场竞争力。这种情形下出口品质可能会提升也可能会下降：一方面，企业利润的增加使企业有能力加大研发的投入，加强产品的质量管理等，从而刺激出口品质升级；另一方面，规模经济的实现提升了企业的市场竞争力，此时企业往往无动力进行出口品质升级，此时出口品质也可能会不变。另外，企业规模扩大也可能会引发规模不经济的问题，规模不经济的存在会加剧企业的管理和运营成本问题，使企业的利润减少，这种情形可能会倒逼企业进行出口品质升级，也可能会使企业无能力进行出口品质升级。因此，从劳动力市场配置扭曲的规模效应层面来看，不管企业是否实现规模经济，出口品质升级都有可能会发生，此时企业出口品质的变迁取决于企业的发展战略和定位。

劳动力市场配置扭曲的生产率效应。在劳动力市场配置扭曲中长期，随着非熟练劳动力对产品生产流程、工艺以及对产品生产技术的逐渐掌握，劳动生产率会得到显著的提升，而劳动生产率的提高有助于出口品质升级。

劳动力市场配置扭曲的经验累积效应。与其他投入要素不同的是，劳动力作为产品生产过程中活的投入要素，它会存在经验累积效应。劳动力市场配置扭曲刺激企业引进了一批非熟练劳动力。在引进初期，由于缺乏生产经验，因此出口品质会下降。但在他们进入企业一段较长时间之后，非熟练劳动力逐渐掌握了一些劳动技能或技术，慢慢变成了熟练劳动力。这个过程存在着明显的产品生产经验累积过程，生产经验的逐渐增多对出口品质升级有显著的提升作用。

劳动力市场配置扭曲的研发效应。在劳动力市场配置扭曲发生较长时间后，研发效应会逐渐显现出来。这主要体现为两个方面：一方面，如果劳动力市场配置负向扭曲能够增加企业利润，则它很可能会刺激企业扩大研发人员投入，则在经过一段较长的时间之后，研发实力会得到较明显的提升，产品研发实力的提高对出口品质升级无疑会起到很明显的促进作用；另一方面，如果劳动力市场配置负向扭曲没有刺激企业扩大研发投入，则扭曲对研发会产生抑制作用，从而出口品质保持不变。

综上所述，在劳动力市场配置扭曲的中长期，扭曲引起的各种经济效应对出口品质产生比较复杂的影响。简言之，劳动力市场配置扭曲对出口品质升级的影响取决于各经济效应的综合作用，如果促进出口品质升级的各效应（包括生产率提升效应、研发刺激效应、经验累积效应以及规模经济效应等）作用效果大于抑制出口品质升级的各效应（包括规模不经济效应、要素错配效应、研发抑制效应等）作用效果，则劳动力市场配置扭曲会促进出口品质升级；如果促进出口品质升级的各效应作用效果小于抑制出口品质升级的各效应的作用效果，则劳动力市场配置扭曲会抑制出口品质升级（见图3-1、图3-2）。

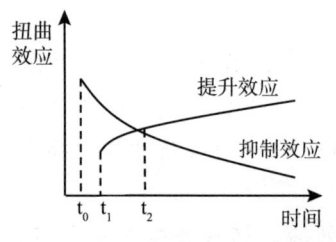

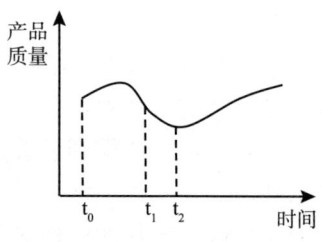

图 3-1　劳动力市场配置扭曲效应和制造业出口品质变迁趋势一

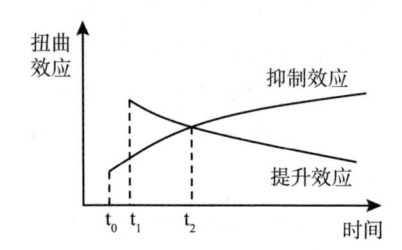

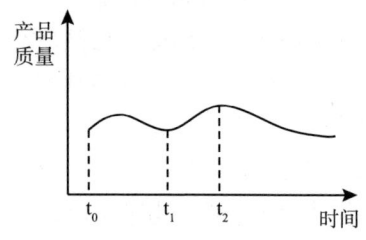

图 3-2　劳动力市场配置扭曲效应和制造业出口品质变迁趋势二

3.1.2　资本市场配置扭曲对出口品质影响机理

作为产品生产中投入的另一关键要素，资本市场配置扭曲也会产生一系列的经济效应。与劳动力要素不同的是，资本市场配置负向扭曲不会引起经验累积效应。

资本市场配置负向扭曲会降低企业的生产成本，在成本下降的驱使下企业往往会扩大生产规模，规模扩大后可能会产生规模经济效应和规模不经济效应两种情形。规模经济的实现会进一步降低企业的管理成本，增加企业的利润，这会使得企业有财力加强产品的质量管理，引进先进技术，从而促进出口品质升级。而如果企业规模扩大后产生了规模不经济的情形，则随着企业规模的扩大，其管理营运成本会大幅上升，利润可能会下降，这种大而不强的尴尬局面可能会使企业没有财力引进技术，加强出口品质，从而很可能会抑制出口品质升级。

资本市场配置负向扭曲还可能会引起各要素的重新配置，企业可能会在生产过程中增加资本要素的投入比例，减少其他要素的投入比例，从而使资源配置效率发生变化。如果在资本市场配置扭曲前各要素的配置是合理的，则资本市场配置负向扭曲会降低要素配置效率，从而抑制出口品质升级；如果在资本市场配置扭曲前各要素就存在错误配置，则资本要素的配置扭曲可能会改善各要素的配置效率，从而有助于出口品质升级。

此外，资本市场配置负向扭曲可能会存在研发效应。资本市场配置负向扭曲降低了企业的融资成本，这时如果企业加大研发资金投入力度，或引进较先进的技术或经营管理模式，从而有助于出口品质升级。当然，如果资本价格的负向扭曲没有促使企业加大研发资金投入力度，则不会引起研发刺激效应。

简而言之，资本市场配置扭曲会引起规模效应、要素配置效应和研发效应，这些效应的综合作用决定着出口品质的变化方向。如果规模经济效应、要素配置改善效应和研发刺激效应比较显著，资本市场配置扭曲会促进出口品质升级；如果规模不经济效应、要素错配效应和研发抑制效应比较显著，则资本市场配置扭曲会抑制出口品质升级（见图3-3）。

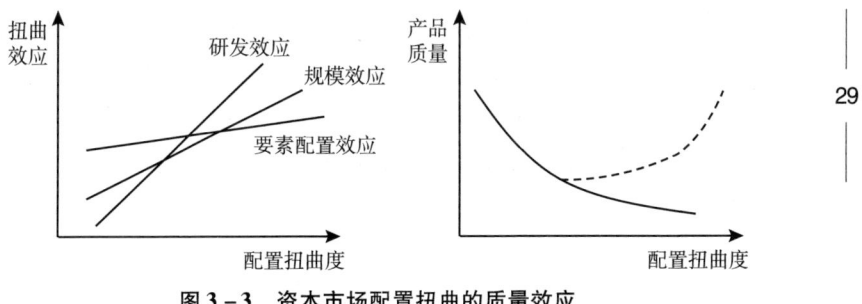

图3-3 资本市场配置扭曲的质量效应

3.1.3 中间投入品配置扭曲对出口品质影响机理

随着对外开放力度的逐渐增大，我国对中间投入品的进口规模也越来越大。从附加值的角度看，中间品可以分为低附加值中间品和高附加值中间品两大类。根据联合国BEC分类标准，低附加值中间品包括用于工业生产的食品和饮料、基础的工业物资、基础燃料等，高附加值中间品包括加工的工业物资、其他加工燃料和润滑油、资本品的零部件以及运输机器设备的零部件及其类似产品。

低附加值中间品往往存在价格低估现象（施炳展、冼国明，2012；李平、季永宝，2014等），即低附加值中间品价格往往存在负向扭曲。

低附加值中间品配置的负向扭曲会引起微观主体生产经营决策发生一些变化。由于价格被低估，降低了企业生产成本，因此它会刺激企业扩大生产规模，从而引发规模效应。如果企业规模扩大后存在显著的规模经济性，可能会产生两种情形：一是规模经济的存在降低了企业的管理成本，增加了企业的利润，这可能会刺激企业加大研发投入力度（包括增加研发资金、研发人员的投入以及购买国外先进的技术等），从而有助于促进出口品质升级；二是企业实现规模经济后，由于其竞争实力得到了明显的提升，企业此时可能并没有动力和压力去进行出口品质升级，因此此时出口品质水平可能保持不变。换言之，低附加值中间品市场配置扭曲如果帮助企业实现了规模经济，则它对出口品质升级的影响取决于企业是否有意愿进行出口品质升级。

低附加值中间品的配置扭曲还可能会引起要素配置效应。如果某个中间投入品的价格发生了负向扭曲，这可能会促使企业增加该中间品的投入比例，降低其他要素的投入比例（如果某产品的生产函数可以变化的话），从而引起各要素配置比例的变化。如果在扭曲之前各要素的配置是合理的，则扭曲会带来低附加值中间品与其他要素投入比例向不合理的方向移动，从而降低了要素的配置效率，从而在一定程度上降低了出口品质。当然，如果在扭曲之前低附加值中间品与其他要素的配置比例是不合理的，则扭曲的发生可能会使各要素的配置比例朝合理化方向发展，从而有助于提高最终出口品质。

此外，与资本要素的配置扭曲类似，低附加值中间品市场配置扭曲可能会引起研发效应，即如果低附加值中间品配置负向扭曲引起了企业研发投入资金的增加、技术的改进或出口品质管理的加强等，则它会产生显著的研发刺激效应。低附加值中间品的配置扭曲对出口品质影响机理与资本配置的负向扭曲类似。

高附加值中间品往往包含比较先进的技术或具有较高的附加值，因此其配置一般不会发生负向扭曲。相反，这些高附加值中间品的生产国（发达国家）为了获取更多的价格加成或者保持其明显的技术垄断优势，往往加大该类产品的加成比例，即高附加值中间品往往存在配置正向扭曲现象（价格被高估）。一般而言，附加值越高，其正向扭曲程度越大（冼国明、程娅昊，2013）。而中间品附加值越高，其对最终出口品质的提升作用越明显。因此我们认为，对于高附加值中间品而言，其配置正向扭曲程度越大,它对最终出口品质的促进作用越明显;反之,其配置正向扭曲程度越小,则它对最终出口品质的促进作用越不明显。高附加值中间品市场配置扭曲对出口品质影响机理如图3-4所示。

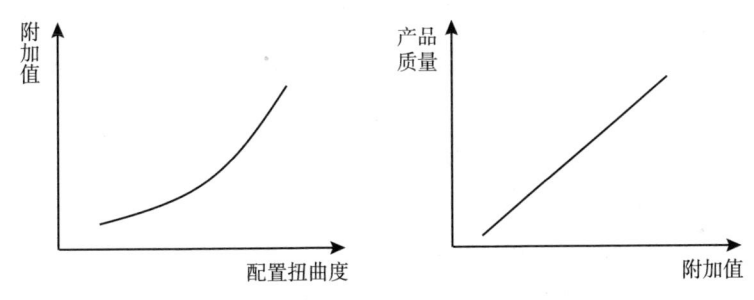

图3-4 高附加值中间品市场配置扭曲的质量效应

3.2 要素市场配置扭曲对出口品质影响方向和制约条件

本节我们通过构建包含各要素配置扭曲因素的出口品质升级数理模型,论证劳动力、资本与中间品等生产要素的配置扭曲对出口品质升级的作用方向和约束条件。我们论证的基本思路是:首先,基于理论假设和消费者效用函数,得出在要素市场不存在扭曲情形下关于产品的需求函数与生产函数;其次,分别假定劳动力、资本及中间投入品在某一时刻由于某外生原因发生了配置扭曲,讨论要素市场配置扭曲所引起的一系列经济效应,进而得出要素市场配置扭曲时出口品质关于要素市场配置扭曲的函数表达式;最后,运用比较静态分析法,讨论劳动力、资本及中间投入品配置扭曲对最终出口品质影响方向和制约条件。

对于某一连续型产品 $\omega(\omega \in [0, 1])$,生产过程中需要投入劳动力、资本及中间产品三种要素。假定产品市场处于垄断竞争市场结构,各要素市场最初均处于完全竞争市场结构。

(1) 消费者效用函数。设代表性消费者对产品 ω 的效用函数为 U,则消费者效用函数可表示为:

$$U(\omega) = \left[\int_0^1 (q(\omega) \cdot x(\omega))^{\frac{\sigma-1}{\sigma}} d\omega\right]^{\frac{\sigma}{\sigma-1}} \quad (\sigma > 1) \quad (3-1)$$

(3-1) 式中，q(ω)代表产品 ω 的品质水平，x(ω)表示消费者对产品 ω 的消费量，σ 表示产品的替代弹性。

(2) 需求函数。设消费者的收入为 I[①]，则其预算方程可表示为：

$$\int_0^1 p(\omega) \cdot x(\omega) d\omega = I \quad (3-2)$$

根据 (3-1) 式、(3-2) 式容易得出消费者对产品 ω 的需求函数表达式为：

$$x(\omega) = I \cdot P^{\sigma-1}(\omega) p^{-\sigma}(\omega) q^{\sigma-1}(\omega) \quad (3-3)$$

(3-3) 式中，$P = \left[\int_0^1 (p(\omega)^{1-\sigma} q(\omega)^{\sigma-1}) d\omega\right]^{\frac{1}{1-\sigma}}$ 指来自行业层面的产品价格指数。由于该价格指数来自行业层面，它是对同一行业内部所有企业价格进行质量调整之后的综合价格指数。由于行业内企业数量众多，每个企业都不会影响到该指数，因此我们可以认为，该价格指数是恒定的。

(3) 产品生产函数。设最终产品 ω 的生产满足柯布—道格拉斯生产函数（C-D 生产函数）形式，于是产品 ω 的生产函数可以表示为：

$$Y(\omega) = AL(\omega)^{\alpha} K(\omega)^{\beta} M(\omega)^{\gamma} \quad (3-4)$$

其中，L、K、M 分别指产品 ω 的生产过程中劳动力、资本及中间产品的投入量，α、β、γ 分别表示上述各要素的投入份额。

假设某要素市场配置存在扭曲[②]，扭曲后的要素价格用下标 d 表示。如扭曲后的工资为 w_d，$w_d = (1+\tau_L)w$[③]，w 表示竞争条件下劳动力的工资，τ_L 为劳动力价格的扭曲度。

3.2.1 劳动力市场配置扭曲[④]

1. 劳动力市场配置扭曲前的情形

设产品 ω 的生产需投入两种成本，第一种成本是生产成本（包括

---

① 需要注意的是，在本模型中消费者的收入不是一个常数。因为劳动力配置扭曲发生后，消费者的收入水平会下降。
② 我们假定该扭曲是外生于企业的，如体制、政治等因素等。
③ 我们参照谢和克莱诺（2009）的做法，本文以从价税的形式体现要素配置扭曲。
④ 在分析劳动力市场配置扭曲时，我们假定产品 ω 的生产只投入劳动力要素。

固定成本和劳动力成本两部分），设为 C(w, x)，则：

$$C(\varphi, x) = F + wlx = F + \frac{\varphi}{k_0}lx \qquad (3-5)$$

其中，F 指企业所投入的沉没成本。

第二种成本为出口品质升级成本，设为 C(q)，它是出口品质的函数，质量越优的产品其升级成本越高，出口品质升级成本函数可以表示为①：

$$C(q) = f + \frac{1}{2}l^r q^\alpha \qquad (3-6)$$

（3-6）式中，$\alpha(\alpha>0)$ 指出口品质升级指数，用来刻画出口品质升级的困难程度，它与研发水平、劳动者技能、劳动的熟练程度等因素有关。f 指产品研发所投入的沉没成本，l^r 表示出口品质升级投入的研发人员。根据（3-5）式、（3-6）式可得产品 ω 的总成本函数为：

$$C(w, x, q) = C(x) + C(q) = F + \frac{\varphi}{k_0}lx + f + \frac{1}{2}l^r q^\alpha \qquad (3-7)$$

在垄断竞争市场上，根据边际成本加成定价原则可知产品 ω 的最优定价为：

$$p(\omega) = \frac{\sigma}{\sigma-1}w \qquad (3-8)$$

这时，厂商关于产品 ω 的利润函数可以表示为：

$$\pi(x, q) = p \cdot x - C(x) - C(q) \qquad (3-9)$$

将（3-3）式、（3-7）式、（3-8）式代入（3-9）式，可得产品 ω 利润关于质量、工资等的函数关系式：

$$\pi(q, x, w) = \frac{P^{\sigma-1} q^{\sigma-1} (\sigma-1)^{\sigma-1} \sigma}{w^{\sigma-2}} - wlx - \frac{1}{2}l^r q^\alpha - (F+f)$$

$$(3-10)$$

通过对利润函数取出口品质的一阶导数令其等于零，可得市场均衡时出口品质关于劳动力价格的函数表达式：

$$q(w) = \left[\frac{2P^{\sigma-1} \cdot (\sigma-1)^\sigma \cdot \sigma}{w^{\sigma-2} \cdot l^r \cdot \alpha}\right]^{\frac{1}{1+\alpha-\sigma}} \qquad (3-11)$$

---

① 本章参照范（Fan, 2014）构建关于出口品质升级的成本函数。需要指出的是，劳动力配置发生负向扭曲后，我们假定产品生产技术不变，生产函数不变，因此单位产品投入劳动力数量 l 不变。

2. 劳动力市场配置扭曲后的情形

设劳动力市场配置扭曲后的劳动力价格为 w^d，$w^d = (1-\tau)w$，$\tau(0<\tau<1)$ 为劳动力价格的扭曲度①。劳动力市场配置负向扭曲会引起产品在边际成本、生产率、研发投入以及价格、需求、利润等方面的一系列变化，最终对出口品质产生影响。

（1）出口品质函数的变化。劳动力市场发生扭曲后，根据加成定价原则可知产品价格也会发生变化，此时产品的价格变为②：

$$p_d(\omega) = \frac{\sigma}{\sigma-1}w_d \qquad (3-12)$$

劳动力价格的扭曲及产品价格的变化均会引起消费者对产品的需求产生影响，此时消费者需求函数变为③：

$$x_d(\omega) = w_d P_d^{\sigma-1}(\omega) p_d^{-\sigma}(\omega) q_d^{\sigma-1}(\omega) \qquad (3-13)$$

劳动力价格发生负向扭曲后，我们假定单位产品生产所投入的劳动力数量并没有改变（即每个产品的生产仍投入1个劳动力），但产品生产的边际成本会下降，这会刺激企业扩大生产规模；生产规模的扩大会导致企业引进大量非熟练劳动力，这使得产品生产的劳动生产率下降（由 φ 变为 φ_d）。

此时产品的生产成本函数变为：

$$C_d(\varphi_d, x_d) = F_d + w_d l x_d = F_d + \frac{\varphi_d}{k_0} l x_d \qquad (3-14)$$

另外，边际成本的下降会刺激厂商在出口品质升级环节投入更多的技术研发人员（$l_d^r > l^r$），研发团队的壮大有助于出口品质升级。此时出口品质升级成本函数变为：

$$C_d(q_d) = f_d + \frac{1}{2} l_d^r q_d^\alpha \qquad (3-15)$$

于是，劳动力市场配置扭曲后产品的总成本函数为：

$$C_d(\varphi_d, x_d, q_d) = C_d(x_d) + C_d(q_d) = F_d + \frac{\varphi_d}{k_0} l x_d + f_d + \frac{1}{2} l_d^r q_d^\alpha$$

$$(3-16)$$

---

① 结合我国劳动力扭曲的实际情况，此处只讨论劳动力配置负向扭曲这一情形。
② 各变量的下标 d 指劳动力市场扭曲后的情况。
③ 劳动力配置扭曲后，产品需求函数的推导思路与扭曲前一致。

综合（3-12）式、（3-13）式、（3-16）式可得劳动力市场配置扭曲后产品的利润函数变为：

$$\pi_d(\varphi_d, w_d, q_d, l_d^r) = \left(\frac{\sigma-1}{\sigma}\right)^\sigma \cdot w_d^{1-\sigma} \cdot P_d^{\sigma-1} \cdot q_d^{\sigma-1} \left(\frac{\sigma}{\sigma-1}w_d - \frac{\varphi_d}{k_0}l\right)$$

$$-\frac{1}{2}l_d^r \cdot q_d^\alpha - F_d - f_d \qquad (3-17)$$

利润函数对出口品质取一阶导数并令其等于零，适当整理可得：

$$\frac{\partial \pi_d}{\partial q_d} = \left(\frac{\sigma-1}{\sigma}\right)^{\sigma-1} \cdot P_d^{\sigma-1} \cdot \frac{(1-\tau)^{2-\sigma}}{w^{\sigma-2}} \cdot \left(1 - \frac{\sigma-1}{\sigma}l\right) \cdot$$

$$(\sigma-1) \cdot q_d^{\sigma-2} - \frac{1}{2}l_d' \cdot \alpha \cdot q_d^{\alpha-1} = 0 \qquad (3-18)$$

根据（3-18）式可得劳动力市场配置扭曲情形下市场均衡时出口品质的函数表达式：

$$q_d = \left\{ 2\left(\frac{\sigma-1}{\sigma}\right)^\sigma \cdot \frac{P_d^{\sigma-1} \cdot (1-\tau)^{2-\sigma}}{l_d' \cdot \alpha \cdot w^{\sigma-2}} \cdot [\sigma - (\sigma-1)l] \right\}^{\frac{1}{1+\alpha-\sigma}} \qquad (3-19)$$

（2）劳动力市场配置扭曲对出口品质的作用方向和约束条件。为了考察劳动力市场配置扭曲对出口品质升级的影响方向，我们对（3-19）式取劳动力工资扭曲的一阶导数，整理后可得：

$$\frac{\partial q_d}{\partial \tau} = -\frac{2-\sigma}{1-(\sigma-\alpha)}\frac{1}{1-\tau}q_d \qquad (3-20)$$

根据（3-20）式容易发现，产品的替代弹性与出口品质升级指数两个因素共同决定着劳动力工资扭曲对出口品质的影响方向：

当 $\sigma > 2$，$\alpha < \sigma - 1$ 或 $\sigma < 2$，$\alpha > \sigma - 1$ 时，$\frac{\partial q_d}{\partial \tau} < 0$

当 $\sigma > 2$，$\alpha > \sigma - 1$ 或 $\sigma < 2$，$\alpha < \sigma - 1$ 时，$\frac{\partial q_d}{\partial \tau} > 0$ （3-21）

为了进一步考察劳动力市场配置扭曲对出口品质升级的作用方向和影响趋势，我们对出口品质函数取关于劳动力市场配置扭曲的二阶导数，可得：

$$\frac{\partial^2 q_d}{\partial \tau^2} = \frac{2-\sigma}{1-(\sigma-\alpha)}\frac{1}{(1-\tau)^2}q_d \qquad (3-22)$$

根据（3-21）式及（3-22）式，我们发现，劳动力工资对出口品质升级并不存在线性影响。据此我们提出第一个命题：

命题一：劳动力市场配置扭曲对出口品质升级存在非线性影响。

根据（3-21）式可以看出，出口品质升级与否与产品替代弹性与出口品质升级指数有关。在产品的替代弹性较大时，质量升级指数越小劳动力市场配置扭曲越不利于出口品质升级，质量升级指数越大劳动力市场配置扭曲越有利于出口品质升级；而在产品的替代弹性较小时，劳动力价格扭曲对出口品质影响恰好相反[①]。而根据（3-5）式可知，出口品质升级指数与研发水平、人力资本及劳动者技能密切相关：研发水平越低，人力资本质量越差并且劳动者技能越不熟练，则出口品质升级指数越小，出口品质升级难度越大；研发水平越高，人力资本质量越好并且劳动者技能越熟练，则出口品质升级指数越大，出口品质升级就会越容易发生。据此我们得出第二个命题。

命题二：在产品的替代弹性较大时，劳动力市场配置扭曲对出口品质影响会受到研发水平、人力资本质量以及劳动者技能等因素的影响：当研发水平、人力资本质量及劳动者技能低于某一临界值时，劳动力市场配置扭曲会阻碍出口品质升级；当研发水平、人力资本质量及劳动者技能高于某一临界值时，劳动力市场配置扭曲会促进出口品质升级。

3.2.2 资本市场配置扭曲

假定产品ω的生产需要投入劳动力和资本两类要素，其要素价格分别为w和r。需要指出的是，为了论证资本市场配置扭曲对出口品质的影响机制，我们在此假定资本市场配置扭曲与劳动力及其他要素市场不存在相互影响。

资本市场配置扭曲前，产品ω的价格可表示为：

$$p_k(\omega) = \frac{\sigma}{\sigma - 1}(\alpha w + \beta r) \quad (3-23)$$

资本市场配置负向扭曲会刺激企业扩大生产规模，在此我们假定要素市场配置扭曲并不会改变产品生产过程中各要素的投入比例，因此产品的生产函数不变（即此时α、β不变）。

[①] 随着产品水平差异化程度的增强，各类产品的替代弹性越来越大（Broda et al., 2006；施炳展，2010；都阳，2013）。鉴于此，我们为了与实际一致，本章只讨论替代弹性较大的情形。

1. 资本市场配置扭曲后的出口品质函数

资本要素市场发生扭曲后,产品的价格变为:

$$p_{dk}(\omega) = \frac{\sigma}{\sigma - 1}(\alpha w + \beta r_d) \qquad (3-24)$$

资本市场配置扭曲会影响到消费者的需求行为,这是因为:一方面,当资本要素价格发生扭曲后,它会影响到产品价格;另一方面,资本要素的配置扭曲改变了消费者的收入水平。当消费者的收入水平和产品价格均发生变化后,其对产品的需求函数也会发生变化:

$$x_{dk}(\omega) = (\alpha\omega + \beta r_d) P_d^{\sigma-1} p_d^{-\sigma}(\omega) q_{dk}^{\sigma-1}(\omega) \qquad (3-25)$$

资本要素价格发生负向扭曲后,虽然单位产品投入的资本与劳动力的数量和比例没有变化,但产品的边际成本会下降,这会刺激企业扩大生产规模。由于我们假定资本市场配置扭曲并未改变产品生产的要素投入比例并且熟练劳动力供给充足,因此资本市场配置扭曲并不会对工人劳动生产率产生影响。但企业规模的扩张会产生规模效应,企业的销售收入增加,同时管理成本也在增加。

此时产品的生产成本函数变为:

$$C_{dk} = F_{dk} + wL_{dk} + r_d K_{dk} \qquad (3-26)$$

(3-25)式中,F_{dk} 指的是资本要素市场发生扭曲后企业生产投入的沉没成本,L_{dk} 指的是企业规模扩张引起的劳动力要素总的投入量,$L_{dk} = x_{dk} \cdot l$。K_{dk} 指企业规模扩张后资本要素总的投入量,$K_{dk} = k \cdot x_{dk}$(k 指单位产品生产资本投入量)。(3-26)式可以表示为:

$$C_{dk} = F_{dk} + (wl + r_d k) x_{dk} \qquad (3-27)$$

此时产品 ω 的利润函数可以表示为:

$$\pi(p_{dk}, x_{dk}) = p_{dk} \cdot x_{dk} - (wl + r_d k) x_{dk} - F_{dk} \qquad (3-28)$$

如果资本市场配置扭曲后企业仍有利润 [即(3-28)式大于零],资本市场配置负向扭曲可能会促使企业加大产品的研发资金投入力度,用其中一部分利润作为研发资金投入。这样,资本市场配置扭曲后出口品质升级成本函数为:

$$C_{dk}(q_d) = f_{dk} + k_{dk} q_{dk}^\delta \qquad (3-29)$$

其中,f_{dk} 是质量升级投入的固定成本;k_{dk} 指的是资本市场配置扭曲后

产品 ω 质量升级所需要的资本投入量；δ 为质量升级系数①，用以衡量出口品质升级的难易程度，质量越优的出口品质升级难度越大。

于是，纳入质量升级成本后，产品的利润函数变为：

$$\pi(p_{dk}, x_{dk}) = p_{dk} \cdot x_{dk} - (wl + r_d k) x_{dk} - k_{dk} q_{dk}^{\delta} - (F_{dk} + f_{dk}) \quad (3-30)$$

将（3-24）式、（3-25）式代入（3-30）式，并对出口品质取一阶导数并令其等于零，适当整理可得资本市场配置扭曲后关于出口品质的函数表达式：

$$q^{\delta-\sigma+1} = \frac{1}{k\delta}(\alpha w + \beta r_d)^{1-\sigma} P^{\sigma-1} \left(\frac{\sigma-1}{\sigma}\right)^{\sigma} [(\alpha w + \beta r_d)\sigma - (wl + r_d k)(\sigma-1)]$$

$$(3-31)$$

2. 资本市场配置扭曲对出口品质的作用方向和约束条件

我们对出口品质函数 [如（3-31）式所示] 对资本市场配置扭曲求导，可得：

$$\frac{\partial q_{dk}}{\partial r_d} = \frac{1}{\delta-\sigma+1} q^{-1} P^{\sigma-1} \left(\frac{\sigma-1}{\sigma}\right)^{\sigma} \cdot \{(1-\sigma)(\alpha w + \beta r_d)^{-\sigma}$$
$$\cdot \beta \cdot [(\alpha w + \beta r_d)\sigma - (wl + r_d k)(\sigma-1)] - (\alpha w + \beta r_d)^{1-\sigma}$$
$$\cdot [\sigma\beta - k(\sigma-1)]\} \quad (3-32)$$

根据上面的假定，容易看出：上式的符号取决于（3-32）式中大括号里面的符号。根据（3-32）式所示的求偏导结果，可以得出以下结论：

当 $\frac{\sigma-1}{\sigma} k < \beta < 1$ 时，$\quad \frac{\partial q_{dk}}{\partial r_d} < 0 \quad (3-33)$

当 $0 < \beta < \frac{\sigma-1}{\sigma} k$，且 $r_d > \frac{(\sigma-1)\beta w[\alpha\sigma - l(\sigma-1)] - [k(\sigma-1) - \sigma\beta]\alpha w}{[k(\sigma-1) - \sigma\beta]\beta + (\sigma-1)^2 \beta k - (\sigma-1)\beta^2 \sigma}$

时，$\quad \frac{\partial q_{dk}}{\partial r_d} > 0 \quad (3-34)$

根据（3-33）式、（3-34）式可知，资本要素的配置扭曲对出口品质存在非线性影响，这种影响受资本投入份额与资本扭曲度的双重影响，我们得出的基本结论为：当资本投入份额超过某一临界值后，不管资本市场配置扭曲度如何，资本扭曲均会抑制出口品质升级；当资本投

---

① 为简化后面推导过程，此处我们假定 $\delta > \sigma - 1$。

入份额低于该临界值,并且资本市场配置扭曲度超过某一临界值时,资本市场配置扭曲才会促进出口品质升级。

据此,我们得出如下命题:

命题三:资本市场配置扭曲对出口品质影响方向取决于资本投入份额和资本市场配置扭曲度的影响:只要资本投入份额超过某一临界值,不管其扭曲度如何,它均会对出口品质产生抑制作用;如果资本投入份额能够保持在一个相对合理的区间内,并且资本市场配置扭曲度超过某一临界值,这时资本市场配置扭曲就能促进出口品质升级。

3.2.3 中间品市场配置扭曲

在分析中间品市场配置扭曲时,我们假定生产过程中需要投入劳动力、资本和中间投入品三类生产要素。设单位产品投入的劳动力、资本和中间投入品的数量分别为 L、K、M。中间投入品市场发生扭曲后,随着中间品价格发生扭曲,产品价格会发生变化,此时产品的价格变为:

$$p_{dk}(\omega) = \frac{\sigma}{\sigma - 1}(\alpha w + \beta r + \gamma p_M) \qquad (3-35)$$

中间投入品配置扭曲及产品价格的变化均会引起消费者对产品的需求产生影响,此时消费者需求函数变为:

$$x_{dk}(\omega) = (\alpha w + \beta r + \gamma p_M) P_d^{\sigma-1} p_{dk}^{-\sigma}(\omega) q_{dk}^{\sigma-1}(\omega) \qquad (3-36)$$

在中间投入品存在配置扭曲时,产品的生产函数可以表示为:

$$Y_d = AL^\alpha K^\beta M^\gamma \qquad (3-37)$$

其中,L、K、M 分别指在中间投入品存在配置扭曲时产品 ω 生产过程中劳动力、资本及中间投入品的投入量,α、β、γ 分别表示劳动力、资本和中间投入品的投入份额。

(3-37) 式分别对各要素投入量取一阶导数,并结合上文假设可得各要素的边际产出:

$$MP_L = \alpha Y/L = w(1+\tau_L) \quad MP_K = \beta Y/K = r(1+\tau_K)$$
$$MP_M = \gamma Y/M = p_M(1+\tau_M) \qquad (3-28)$$

此时各要素的投入量分别为:

$$l_d = \frac{\alpha Y}{w(1+\tau_L)} \quad k_d = \frac{\beta Y}{r(1+\tau_K)} \quad m_d = \frac{\gamma Y}{p_M(1+\tau_M)} \qquad (3-39)$$

设产品 ω 的质量是各要素投入比例的函数①，据此我们参照范（2014）的做法，可以得到出口品质升级成本函数为②：

$$C_d(q) = F + \frac{1}{2} \frac{(M/L)^\theta}{(K/L)^\eta} \cdot$$

$$q^\mu = F + \frac{1}{2} \left(\frac{\gamma}{\alpha}\right)^\theta \cdot \left(\frac{\beta}{\alpha}\right)^{-\eta} \cdot (1+\tau_L)^{\theta-\eta} \cdot \frac{(1+\tau_K)^\eta}{(1+\tau_M)^\theta} \cdot q^\mu$$

(3-40)

设生产成本函数为 $C_d(L, K, M)$，则它可以表示为：

$$C_d(L, K, M) = wlx_{d_{P_M}} + rkx_{d_{P_M}} + p_M m x_{d_{P_M}} \quad (3-41)$$

垄断竞争条件下，三要素投入的最终产品 ω 的价格可表示为：

$$p(\omega) = \frac{\sigma}{\sigma-1}(w\alpha + r\beta + p_M \gamma) \quad (3-42)$$

此时，最终产品 ω 的利润函数为：

$$\pi(\omega) = p(\omega) \cdot x(\omega) - C(L, K, M) - C(q) \quad (3-43)$$

将（3-35）式、（3-39）式、（3-41）式及（3-42）式代入（3-43）式中，并对出口品质取一阶导数，可得：

$$\frac{\partial \pi}{\partial q} = P^{\sigma-1} p^{1-\sigma}(\sigma-1)q^{\sigma-2} - \frac{1}{2}\frac{(M/L)^\theta}{(K/L)^\eta}\mu \cdot q^{\mu-1} \quad (3-44)$$

令（3-44）式等于零可得利润最大化条件下中间投入品存在扭曲时产品 ω 的质量函数表达式：

$$q(w, r, p_M, \tau) = \left\{ \Lambda \cdot (1+\tau_L)^{\eta-\theta} \cdot \frac{(1+\tau_M)^\theta}{(1+\tau_K)^\eta} \cdot \right.$$

$$\left. [w(1+\tau_L)\alpha + r(1+\tau_K)\beta + p_M(1+\tau_M)\gamma]^{1-\sigma} \right\}^{\frac{1}{1+\mu-\sigma}}$$

(3-45)

其中，$\Lambda = \frac{2\sigma}{\mu}P^{\sigma-1}\left(\frac{\sigma-1}{\sigma}\right)^\sigma \left(\frac{\beta}{\alpha}\right)^\eta \left(\frac{\gamma}{\alpha}\right)^{-\theta}$ 为一正常数。

出口品质函数［如（3-45）式所示］对中间品市场配置扭曲度取一阶导数，可得：

---

① 要素投入比例决定了产品的生产函数形式和生产技术水平，合理的要素投入比例会提高资源配置效率，充分发挥各要素在出口品质升级中的作用。本章基于研究需要在范（2014）的基础上对出口品质升级成本函数进行了适当改进。

② 具体推导过程请参见范（2014）。

$$\frac{\partial q}{\partial \tau_M} = \Gamma_3 q^{\sigma-\mu} \cdot \left\{ \theta X^{-\theta-1} \left(\frac{1+\tau_M}{1+\tau_L}\right)^2 - (\sigma-1) X^{-\sigma} \gamma p_M \left(\frac{\alpha}{\gamma}\right)^\theta \left(\frac{1+\tau_M}{1+\tau_L}\right)^\theta \right\}$$
(3-46)

其中，$\Gamma_3 = \frac{2}{\mu+(1+\mu-\sigma)} P^{\sigma-1} \sigma \left(\frac{\sigma-1}{\sigma}\right)^\sigma \left(\frac{\beta}{\alpha}\right)^\eta \left(\frac{1+\tau_L}{1+\tau_K}\right)^\eta > 0$。对 (3-45) 式适当整理可得：

当 $\tau_M < \left[\frac{\theta}{(\sigma-1)X^{1+\theta-\sigma}\gamma p_M(\alpha/\gamma)^\theta}\right]^{\frac{1}{\theta-2}} \cdot (1+\tau_L) - 1$ 时，$\frac{\partial q}{\partial \tau_M} > 0$；
(3-47)

当 $\tau_M > \left[\frac{\theta}{(\sigma-1)X^{1+\theta-\sigma}\gamma p_M(\alpha/\gamma)^\theta}\right]^{\frac{1}{\theta-2}} \cdot (1+\tau_L) - 1$ 时，$\frac{\partial q}{\partial \tau_M} < 0$
(3-48)

根据（3-47）式、（3-48）式可知：当中间投入品配置扭曲度低于某一临界值时，中间品市场配置扭曲会促进出口品质升级；当中间投入品配置扭曲度大于该临界值时，中间投入品配置扭曲会抑制出口品质升级。

根据本章第1节的理论分析可知，低附加值中间品往往存在配置负向扭曲（即价格被低估），其配置扭曲度数值往往较大（其数值大于1），数值越大说明其配置负向扭曲程度越大；高附加值中间品往往存在配置正向扭曲（即价格被高估），其配置扭曲度数值往往较小（其数值小于1），数值越小说明其配置正向扭曲程度越大。而（3-47）式、（3-48）式所示的推导结果恰好说明了这一点，即理论模型推导结论恰好与理论分析结论保持一致。

于是，得出了第四个命题：

命题四：中间投入品的配置扭曲对出口品质影响与其扭曲度有关。当其配置扭曲度低于某一临界值时，中间投入品存在配置正向扭曲，这种扭曲会促进出口品质升级；当其配置扭曲度高于某一临界值时，中间投入品存在配置负向扭曲，这种扭曲会抑制出口品质升级。

3.3 本章小结

在第1节，我们基于劳动力、资本和中间投入品三类生产要素的异质性和各自在出口品质升级中的作用差异，分别关于其对出口品质的影响机制进行了系统分析。其中，劳动力市场配置扭曲对出口品质的影响存在时间效应，在短期劳动力市场配置扭曲会引起显著的要素错配效应和劳动生产率下降效应，而这两个效应会抑制出口品质升级；在中长期，劳动力市场配置扭曲会产生显著的生产率提升效应、规模效应、研发效应、经验累积效应等，而这个过程中如果生产率提升效应、规模经济效应、研发刺激效应和经验累积效应的综合作用大于要素错配效应、规模不经济效应、研发抑制效应等的作用结果，会产生显著的出口品质升级。如果生产率提升效应、规模经济效应、研发刺激效应和经验累积效应的综合作用小于要素错配效应、规模不经济效应、研发抑制效应等的作用结果，劳动力市场配置扭曲会抑制出口品质升级。

与劳动力市场配置扭曲不同的是，资本市场配置扭曲不存在经验累积效应，我们分别讨论了资本市场配置扭曲的规模效应、要素配置效应、研发效应等的影响，得出的基本结论是：如果规模经济效应、要素配置优化效应、研发刺激效应等促进出口品质升级的各效应的作用效果大于规模不经济效应、要素配置恶化效应、研发抑制效应等抑制出口品质升级的作用效果，则资本市场配置扭曲会促进出口品质升级；如果规模经济效应、要素配置优化效应、研发刺激效应等促进出口品质升级的各效应的作用效果小于规模不经济效应、要素配置恶化效应、研发抑制效应等抑制出口品质升级的作用效果，则资本市场配置扭曲会抑制出口品质升级。

我们认为由于中间投入品存在配置正向扭曲和负向扭曲两种情况，并且这两种方向相反的扭曲对出口品质会产生不同的作用机制。低附加值中间品往往存在配置负向扭曲，这种扭曲对出口品质的影响机理与资本市场配置扭曲基本类似。而高附加值中间品往往存在配置正向扭曲，并且扭曲程度越大意味着其附加值越高，从而对最终出口品质升级产生积极影响。

在第 2 节，我们基于第 1 节的理论分析思路，通过构建包含要素市场配置扭曲的出口品质升级理论框架，分析论证了劳动力、资本、中间品市场配置扭曲对出口品质升级的作用方向和制约条件，并得出了与第 1 节的定性分析相一致的理论假设。

本章第 1、第 2 节的理论分析具有重要的理论意义和学术意义，为我国制造业出口品质升级提供了一个新的解释维度，同时它为后面的实证分析提供了强有力的理论层面的依据。

第4章 要素市场配置扭曲与我国制造业出口品质特征性事实

本章侧重探讨了劳动力、资本及中间品要素市场配置扭曲对制造业出口品质的影响机理、作用渠道和约束条件，并据此得出了理论假设。我们认为，在对此理论假设进行经验检验之前，需要对我国各生产要素市场配置扭曲现状、成因、扭曲程度及发展趋势和我国制造业出口品质发展现状、基本特征及发展趋势等做一个较为详尽的描述、分析和总结，从而为本书第5章的实证分析提供必要的资料和数据基础。

4.1 我国劳动力市场配置扭曲状况

4.1.1 我国劳动力市场发展历程

在新中国成立后到改革开放前的计划经济时期，由于存在着国家"统包统配"的就业制度，所以并不存在一般意义上的"劳动力市场"。改革开放之后，随着党中央、国务院实施了一系列的经济体制改革和产业结构的调整，逐渐出现了劳动力市场。不过在改革开放之后相当长的一段时间内，我国劳动力市场发展一直非常缓慢。

1. 劳动力市场的萌芽阶段（1979～1983年）

在改革开放初期，我国在国有企业、农业发展以及居民劳动和社会保障等方面开展了一系列的改革，这些改革为我国不同阶层群众的就业产生了重大影响，因此它会在一定程度上孕育国内劳动力市场的形成。

但受改革开放前较为严格的城乡户籍制度和就业制度等的影响，改革开放初期几年的户籍制度和就业制度并未发生明显的变化。并且在个别时期，国家可能还会进一步严格地限制农村劳动力流动性①。总体来看，在1983年之前的这段时间，国家对农村劳动力流动性的限制并没有真正意义上的放松，它只是允许农村过剩劳动力在本地通过发展城乡结合企业或其他形式的企业来加以吸收，但并不允许农村劳动力进入城市。因此，在这段时间内，我国劳动力市场虽具备了形成的基本环境，但并未真正形成。

2. 劳动力市场的缓慢形成阶段（1984～1988年）

在这个阶段，党中央开始着手重点实施经济体制改革，并且把城市作为经济体制改革的重心。尤其是邓小平同志在不同场合反复提到要进行包括经济体制改革、政治体制改革以及其他领域多层面的改革，要对世界上所有国家（地区）开放。1986年，国务院发布了《国营企业实行劳动合同制暂行规定》《国营企业招用工人暂行固定》《国营企业职工待业保险暂行规定》等一系列文件。1988年，党中央在第七届全国人大一次会议上，正式提出要在国家法律允许的范围内放开私营、民营经济的发展，并且认为它们是社会主义公有制经济必要的、有益的补充，并分别实施了《中外合作经营企业法》《全民所有制工业企业法》。

该时期党中央、国务院一系列经济改革措施的出台实施，在一定程度上为我国农村过剩劳动力的流动提供了制度上的便利。因此，在这段时间内，农村劳动力可以在地区之间、城乡之间进行一定规模的输出和输入，从而加快了我国农村劳动力市场的形成，同时它也为国有企业的发展、经济体制的改革以及私营经济的壮大和活力的提升产生一定程度的推动作用。

3. 控制劳动力"盲流"阶段（1989～1991年）

在这个时期，受国内通货膨胀、企业转型以及政治因素等的困扰，我国劳动力市场发展面临着一些阻力。出于对国内外政治、经济局势的综合考虑，我国政府在这个时期加强了对农村劳动力流动性的限制。本

---

① 如1980年全国劳动就业工作会议下发的文件和1982年党中央进一步加强对农村劳动力流动性的限制。

时期，政府签署的相关文件主要包括：《关于严格控制民工外出的紧急通知》《关于进一步做好控制民工盲目外流的通知》《关于进一步做好劝阻劝返外流灾民工作的通知》等。这些文件的颁布实施，严格地控制了农民工"农转非"的过快增长，适当地控制了外出务工的规模，使部分不具备外来务工许可证和暂住证的农村劳动力返回农村。客观来讲，这些政策的颁布实施，是当时经济环境、政治环境下的必然选择。

4. 制度化建设阶段（1992~2000年）

在该时期，我国政府正式提出建立社会主义市场经济体制，国有企业面临着转换经营机制，建立与社会主义市场经济相一致的现代企业制度。市场经济的建立和发展，需要充分发挥市场在资源配置中的基础性地位，这就给我国的劳动力市场发展提供了机遇。1993年11月，党中央印发了《关于当前农业和农村经济发展的若干政策措施》，通过巩固家庭联产承包经营责任制的形式，稳定了农村劳动力市场。1998年10月，中共十五届三中全会通过了《中共中央关于农业和农村工作若干重大问题的决定》，明确提出了要建设社会主义新农村的发展目标。更重要的是，1995年1月1日，《中华人民共和国劳动法》（以下简称《劳动法》）正式颁布实施，这标志着我国劳动和社会保障进入了一个制度化建设的新阶段。《劳动法》的颁布实施，从制度上明确了用人单位用工的标准和行为规范，从而为保护劳动者的合法权益、推动劳动力市场的快速规范发展提供了较为完备的制度保障。从此以后，用人单位和劳动者可以进行双向选择，大学毕业生将不再统一接受国家的统一分配制度。可以说，在这个时期，我国从真正意义上开始建立劳动力市场并迅速发展。在此阶段，国家不再严格限制劳动力的跨地区、跨行业流动，而是从宏观层面鼓励和引导劳动力在地区、部门之间合理、有序地流动。

5. 劳动力市场的快速壮大阶段（2000年以后）

在这段时期，在社会主义市场经济快速发展以及"入世"的大环境下，我国劳动力市场进行了大幅度的改革。国家不再限制农村过剩劳动力的流动，在城乡统筹就业的大方针指导下，逐步实现了城乡劳动力市场的一体化进程。在劳动力就业和社会保障、劳动合同、户籍管理、农民工进城务工等环节均在较大程度上放松了管制。应该说，这个时期国家逐步取消了过去对农村过剩劳动力的歧视、限制流动的障碍，从而为我国劳动力市场尤其是农村劳动力市场的发展壮大起到了积极的推动作用。

需要指出的是，虽然在此阶段党中央逐步放宽了农村过剩劳动力的流动性管制，由于我国各地区长期存在市场分割局面，各地区出于地方保护主义和对农民工的歧视，我国劳动力市场一直存在着比较明显的配置扭曲现象。

4.1.2 我国劳动力市场配置扭曲现状及成因

广义上的"劳动力市场配置扭曲"，可以包括农村大量过剩劳动力的转移障碍，劳动力在城乡、行业、地区普遍存在的市场分割现象，劳动力价格与其边际产出存在显著偏离以及在就业、社会保障及相关制度层面上存在的歧视现象。但从狭义的角度，我们可以把劳动力市场配置扭曲理解为劳动力在价格上的扭曲①，即随着经济的发展，存在着劳动力工资严重滞后于经济增长，劳动力的工资被显著低估的情形。

自改革开放以来，我国劳动力要素市场一直存在着比较明显的扭曲现象。虽然在"入世"以后政府适当地放开了城乡户籍制度等的限制，在一定程度上促进了劳动力要素的市场化改革。但总体来说，到目前为止，我国劳动力市场配置扭曲现象仍然显著存在，其市场化程度显著低于产品市场。

我国劳动力市场配置扭曲的成因可以从城乡户籍制度、政策歧视因素、地方政府政绩考核、地方保护主义、工会力量薄弱等诸多因素表现出来。

1. 严格的城乡户籍制度

1982年之前，我国存在严格的城乡分割现象，城乡户籍制度非常严格。在这样严格的城乡户籍制度下，农民无法进入城市务工，更不可能从农村户籍转变为城市户籍。在这样的背景下，劳动力市场在客观上

---

① 实际上，劳动力市场扭曲会通过劳动力价格的正向或负向扭曲来体现。

被分割开，从而形成了劳动力市场配置扭曲现象。严格的城乡户籍制度使得农村存在的大量过剩的劳动力无法转移到城市劳动力市场就业，因而农村劳动力市场存在显著的供过于求的现象。这是改革开放初期我国劳动力市场配置扭曲的最基本特征。

2. 劳动力要素市场分割

我国劳动力市场普遍存在较严重的劳动力市场分割现象，这种分割可以表现在不同地区（如我国东西部地区或不同省份）之间的劳动力市场分割、垄断行业与非垄断行业的市场分割、城市中的劳动力市场和农村的劳动力市场分割等多种情况。

劳动力要素长期存在的市场分割现象，导致不同地区、不同行业的劳动力不能自由流动，导致劳动力要素在不同地区、不同行业存在较明显的供需不平衡状况，这种供需不平衡的状况导致不同地区、不同行业之间劳动力工资出现显著的差异，于是出现了非均衡劳动力市场价格，因此就产生了劳动力市场配置扭曲。长期以来，我国劳动力要素的价格一直低于其边际成本或均衡条件下的价格，即存在较严重的劳动力配置负向扭曲。虽然近年来我国劳动力要素的市场分割现象有所缓解，但仍未彻底消除。

3. 体制或经济发展战略导致

伴随着我国经济从计划经济体制向市场经济体制的转变，政府对劳动力要素市场的管制虽有所减轻，但它却一直客观存在。劳动力要素市场较缓慢的市场化改革进程，也需要政府的管制或干预。政府对劳动力要素市场的管制会带来明显的扭曲现象。

从我国经济发展战略来看，我国实施的是"赶超式经济发展战略"，为了提高经济增长速度，实现宏观经济发展目标，保持国民经济保持较快的增长态势，政府对劳动力要素市场进行一些行政干预，人为地压低劳动力价格，从而降低了劳动密集型产品的生产成本，在很大程度上提升了我国产品的国际竞争力。各级地方政府为了加快招商引资步伐，实现本地区经济的快速增长，严格控制着本地区的劳动力等要素资源，从而使得各地区要素市场存在较严重的扭曲现象。因此从某种意义上来说，长期以来我国劳动力要素市场的扭曲是服从并服务于整个宏观经济发展目标的。

除了以上几个主要的原因之外,长期以来,许多城市为了保障本地的居民就业,维护城市的形象或者出于对农民工的歧视观念等因素,也会在一定程度上加剧了我国不同地区劳动力市场的扭曲现象。

表4-1给出了我国不同年份制造业行业劳动力市场配置扭曲状况[①]。通过表4-1容易看出,我国大多数制造业行业的劳动力相对扭曲指数均大于1,这表明我国大多制造业行业普遍存在劳动力市场配置负向扭曲现象,但程度存在一定差异:首先,通用设备制造业负向扭曲程度最严重(数值为8.01),劳动力价格被严重低估;其次,专用机械制造业(扭曲度为7.24)。劳动力市场配置扭曲比较严重的还有石油加工、炼焦及核燃料加工业和非金属矿物制造业等行业,这两个行业的劳动力价格也较严重地被压低;农副食品加工业和纺织业也存在轻微的劳动力配置负向扭曲。此外,交通运输设备制造业、电器机械及器材制造业及通信设备、计算机及其他电子设备制造业这三个行业的相对扭曲系数均小于1,这表明在这三个行业存在劳动力价格的正向扭曲,即劳动力工资显著超过其边际产出值,存在高估现象。

考虑到我国劳动力市场区域分割现象比较突出,我们使用样本期内的工业企业数据库的相关数据信息,测度了我国东部、中部和西部地区制造业的劳动力市场配置扭曲,具体如图4-1所示。根据本图我们发现,我国东部地区在样本期内劳动力市场配置扭曲最轻,中部和西部地区的劳动力市场配置扭曲度显著大于东部地区。其中,中部地区的劳动力市场配置扭曲现象最突出。我们认为图4-1基本反映了我国的劳动力市场配置扭曲状况。近年来,我国东部地区劳动力工资上涨最快,因此它与机会成本的偏离度越来越小,因此东部地区的劳动力市场配置扭曲度相对较轻。而中西部地区工资上涨较慢,于是造成了劳动力的边际产出速度显著快于工资上涨速度,因此工资与边际产出的偏离会比较明显,因而造成了比较严重的劳动力市场配置扭曲(施炳展、冼国明,2012;冼国明、程娅昊,2013)。

---

① 此处指的是劳动力市场的相对扭曲度,具体测度方法请参见冼国明、程娅昊(2013)。

第4章　要素市场配置扭曲与我国制造业出口品质特征性事实

表4-1　我国劳动力市场配置扭曲指数

行业	1999年	2000年	2001年	2002年	2003年	2005年	2006年	2007年	2008年	2009年	2010年	2011年
食品加工业	1.07	1.16	1.20	1.22	1.21	1.15	1.17	1.13	1.14	1.16	1.17	1.19
其他食品加工和食品制造业	1.08	1.16	1.21	1.21	1.22	1.13	1.15	1.14	1.14	1.15	1.15	1.16
饮料制造业	1.03	1.04	1.06	1.05	1.06	1.06	1.07	1.06	1.08	1.10	1.11	1.13
烟草制造业	0.83	0.85	0.85	0.83	0.85	0.86	0.85	0.86	0.88	0.89	0.87	0.89
纺织、服装、鞋帽制造业	1.12	1.14	1.16	1.17	1.16	1.17	1.19	1.17	1.19	1.21	1.24	1.26
皮革、毛皮羽毛及其制品业	1.13	1.12	1.14	1.15	1.14	1.15	1.16	1.16	1.17	1.16	1.18	1.22
木材加工及木竹藤棕草制品业	1.16	1.18	1.20	1.23	1.23	1.25	1.22	1.23	1.24	1.26	1.27	1.30
家具制造业	1.17	1.19	1.22	1.23	1.24	1.24	1.25	1.26	1.25	1.25	1.28	1.27
造纸及纸制品业	1.21	1.26	1.22	1.24	1.25	1.25	1.27	1.24	1.29	1.31	1.32	1.32
印刷业和记录媒介的复制业	1.30	1.32	1.30	1.32	1.31	1.33	1.34	1.33	1.34	1.36	1.40	1.42
文教、体育用品制造业	1.03	1.05	1.08	1.12	1.11	1.15	1.14	1.15	1.16	1.19	1.22	1.27
纺织业	1.27	1.25	1.31	1.34	1.38	1.39	1.38	1.41	1.42	1.44	1.46	1.48
石油加工、炼焦及核燃料加工业	3.09	2.01	2.19	2.28	2.17	1.97	1.91	1.90	1.88	1.89	1.92	1.94
化学原料及化学制品制造业	2.39	2.28	2.22	2.17	2.05	1.69	1.63	1.57	1.55	1.54	1.58	1.59
化学纤维制造业	2.31	2.28	2.26	2.27	2.25	2.18	2.15	2.07	2.01	1.93	1.98	1.85
非金属矿物制造业	3.02	3.15	3.17	3.20	3.17	2.75	2.54	2.38	2.39	2.37	2.29	2.25

续表

行业	1999年	2000年	2001年	2002年	2003年	2005年	2006年	2007年	2008年	2009年	2010年	2011年
金属制品业	2.28	2.25	2.04	1.99	1.68	1.17	1.18	1.08	1.07	1.08	1.07	1.06
黑色金属冶炼及压延加工业	2.28	2.25	2.04	1.99	1.68	1.17	1.18	1.08	1.07	1.08	1.10	1.14
有色金属冶炼及压延加工业	2.24	2.24	2.18	2.19	2.20	2.18	2.17	1.93	1.97	1.98	1.88	1.84
通用设备制造业	8.01	8.12	7.74	7.24	6.99	6.29	6.03	5.89	5.92	5.87	5.66	5.68
专用机械制造业	7.24	7.19	7.14	7.02	6.91	6.56	6.43	5.67	5.75	5.74	5.62	5.57
交通运输设备制造业	0.81	0.82	0.77	0.68	0.65	0.71	0.67	0.65	0.65	0.63	0.64	0.64
电器机械及器材制造业	0.80	0.82	0.82	0.89	0.93	0.98	0.96	0.95	0.96	0.98	0.97	0.96
通信设备、计算机及其他电子设备制造业	0.23	0.23	0.24	0.24	0.25	0.31	0.34	0.39	0.37	0.39	0.38	0.36
医药制造业	1.45	1.46	1.41	1.43	1.41	1.39	1.38	1.36	1.32	1.34	1.36	1.38
橡胶制造业	1.34	1.35	1.33	1.34	1.33	1.36	1.38	1.41	1.42	1.45	1.46	1.47
塑料制造业	1.37	1.35	1.37	1.39	1.41	1.39	1.40	1.43	1.44	1.45	1.49	1.51
仪表文化办公工业	1.23	1.25	1.31	1.32	1.34	1.35	1.38	1.41	1.42	1.44	1.47	1.49

注：本表中关于劳动力市场相对扭曲指数的测算请参见冼国明、程娅昊（2013）；本表中1999～2007年的数据为冼国明、程娅昊（2013）的测算结果，2008年、2009年两年的数据是作者根据上述作者的计算方法测算所得。

资料来源：笔者基于《中国工业经济统计年鉴》《中国统计年鉴》的数据计算所得。

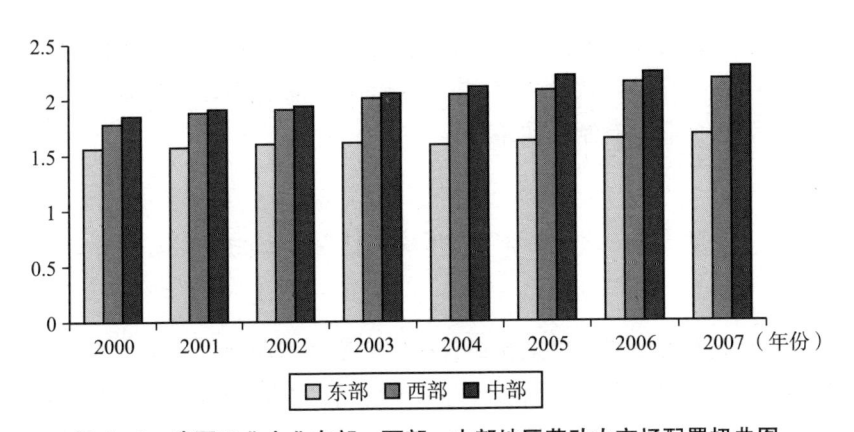

图 4-1　我国工业企业东部、西部、中部地区劳动力市场配置扭曲图

注：我国东部、西部、中部的划分同施炳展、冼国明（2012）。
资料来源：笔者根据中国工业企业数据库数据计算并绘制。

此外，考虑到我国不同企业的所有制结构存在差异，我们又按照企业所有制属性这个指标对劳动力市场配置扭曲度进行了测度。参照施炳展、冼国明（2012）的做法，把我国的企业按所有制分为国有企业、集体企业、私营企业、港澳台企业和欧美外资企业五大类，具体测度结果如图 4-2 所示。根据图 4-2 可以发现：集体企业职工工资负向扭曲度最高，然后依次是私营企业、欧美外资企业和港澳台企业，我国国有

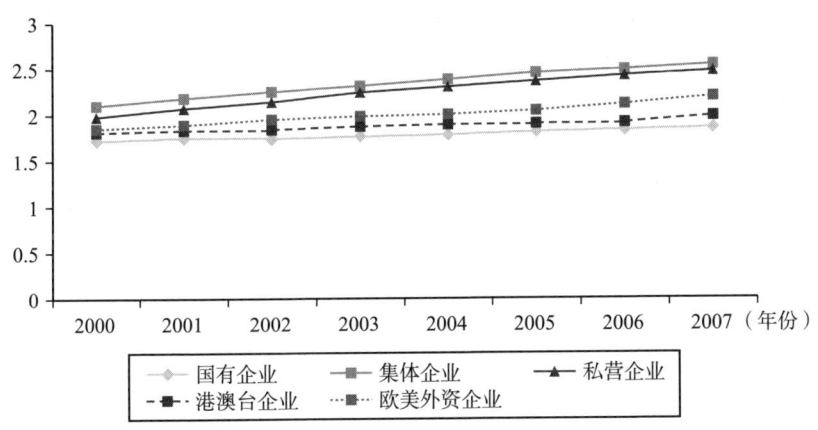

图 4-2　我国不同所有制企业劳动力市场配置扭曲度

资料来源：笔者根据中国工业企业数据库数据计算并绘制。

企业职工工资负向扭曲度最小。该测度结果与施炳展、冼国明（2012）的测度结果排序是一致的。该测度结果表明，我国劳动力市场配置扭曲存在显著的企业所有制结构差异。

4.2 我国资本市场配置扭曲状况

我国资本市场长期以来存在着比较严重的扭曲现象。资本要素市场的扭曲主要体现在利率、信贷等环节所实行的金融管制。这种金融管制大概可以体现在所有制层面、行业层面和地区等层面，而这三个层面的扭曲基本上都是通过政府对资本市场相关主体进行管制来实现的。其中，在所有制层面的扭曲最为严重。

在所有制层面，政府针对不同所有制的企业分别制定了不同的融资标准和门槛，对于国有企业，政府往往给予非常优厚的融资政策和便利条件，从而方便了国有企业能够从银行等金融部门较容易地获得大规模的贷款（卢峰和姚洋，2004）。而对民营企业则设置了过于苛刻的融资条例，致使我国绝大多数民营企业（泛指所有类型的非国有企业）很难获得银行大规模的贷款。应该说，我国资本市场在所有制层面的扭曲是非常严重的，并且这种状态一直在持续（张兴龙和沈坤荣，2016）。

在行业层面，政府为了保证某些行业的长期垄断地位或保证其获得优先发展的机会，往往对这些行业的融资和金融准入等给予相对宽松的政策和待遇，而对于其他行业则设置较严格的融资成本和金融进入管制政策，这在一定程度上造成了资本市场在各行业的分割和扭曲现象。我国资本市场在不同行业实行不同的融资标准和条例，虽然在一定程度上实现了部分行业获得优先发展的机会，但是长期存在的资本市场配置扭曲会抑制部分行业发展的积极性，导致资本与其他要素存在较严重的配置扭曲，部分行业产出效率下降并且不同行业发展出现比较明显的不平衡现象（陈斌等，2008）。

在地区层面，由于我国东西部经济发展不平衡，为了鼓励东部沿海地区优先发展，在金融政策给予层面，政府往往倾向于东部沿海地区，而中西部地区由于长期没有享受到优惠性的融资待遇，其经济发展速度一直较慢，出现了地区之间经济发展的不平衡现象，甚至出现了在部分经济发达地区制造业发展出现显著资本的过度集聚现象，造成了比较严重的部分制造业产能过剩问题（陈永伟、胡伟民，2011）。

表4-2给出了1999~2011年我国制造业各行业资本市场配置扭曲状况。根据表4-2容易看出，所有行业的资本市场配置扭曲指数均大于1，并且有些行业数值还较大。这说明，我国各制造业行业普遍存在资本配置负向扭曲现象，资本市场配置扭曲在我国制造业普遍存在，只是在扭曲程度上存在一些差异。如烟草制造业、石油加工行业、通用设备制造业、专用机械制造业等的资本市场配置扭曲度均较高，其数值大都在4.0以上，说明这几个行业资本配置负向扭曲非常严重。我们认为这可能与这几个行业属于国家垄断性行业有关，该行业内大都是国家控股的国有企业，国家为了支持这些行业的发展，给它们提供了非常优惠的融资待遇。其他行业虽然也存在明显的资本配置负向扭曲状况，但资本市场配置扭曲度相对较轻，并且随年份也有一定的变化。

根据表4-2的测度结果，我们得出的基本结论是：在国家垄断性行业，资本市场存在很严重的配置负向扭曲现象，即国家对这些垄断性行业的发展给予了很优惠的融资便利，而一般行业发展所需资金却很难享受到国家提供的这种优惠利率政策。

为了观察样本期内我国资本市场配置扭曲的发展趋势，我们把每年各行业的资本市场配置扭曲数值进行算术平均，即可得到该年份我国制造业总的资本市场配置扭曲度。基于此方法，我们用微观数据测度了样本期内（2000~2007年）我国制造业资本市场配置扭曲度，如图4-3所示。根据该图我们发现，总体来看，我国制造业行业的资本市场配置扭曲度较高（2000年最低，数值是2.26；2007年最高，数值是2.91），并且资本市场配置扭曲呈缓慢加重趋势。

由于长期以来我国一直存在较严重的要素地区市场分割现象，因此各地区资本市场配置扭曲会存在一些差异。为了考察各地区资本市场配置扭曲的程度差异，我们又用微观数据分别测度了我国东部、中部、西部三个地区的资本市场配置扭曲度[①]，如图4-4所示。根据该图容易看出，我国东部地区资本市场配置扭曲度最高（5.35），其次是西部地区（5.18），扭曲度最轻的是中部地区（4.91）。

[①] 其中，各地区的划分我们参照施炳展、冼国明（2012）的做法。

表4-2 我国制造业各行业资本市场配置扭曲指数（1999~2011年）

行业	1999年	2000年	2001年	2002年	2003年	2005年	2006年	2007年	2008年	2009年	2010年	2011年
食品加工业	1.30	1.32	1.34	1.36	1.38	1.41	1.42	1.45	1.45	1.48	1.51	1.59
其他食品加工和食品制造业	1.32	1.36	1.41	1.41	1.42	1.43	1.45	1.44	1.46	1.45	1.46	1.52
饮料制造业	1.43	1.44	1.46	1.47	1.47	1.48	1.47	1.49	1.52	1.55	1.61	1.63
烟草制造业	5.83	5.88	5.99	5.81	5.88	5.84	6.20	6.26	6.20	6.25	6.30	6.38
纺织、服装、鞋帽制造业	1.42	1.44	1.45	1.57	1.55	1.60	1.69	1.77	1.84	1.91	2.10	2.26
皮革、毛皮羽毛及其制品业	1.53	1.52	1.55	1.62	1.64	1.72	1.77	1.84	1.90	1.99	2.08	2.22
木材加工及木竹藤棕草制品业	1.26	1.28	1.28	1.33	1.35	1.37	1.41	1.44	1.48	1.49	1.47	1.52
家具制造业	1.23	1.29	1.28	1.33	1.34	1.34	1.35	1.36	1.38	1.41	1.42	1.47
造纸及纸制品业	1.65	1.70	1.72	1.75	1.81	1.88	1.91	1.94	2.03	2.20	2.32	2.44
印制业和记录媒介的复制业	1.60	1.62	1.66	1.65	1.69	1.73	1.74	1.76	1.79	1.86	1.90	2.11
文教、体育用品制造业	1.72	1.76	1.78	1.82	1.91	1.96	1.97	2.01	2.09	2.20	2.31	2.45
纺织业	2.10	2.15	2.31	2.34	2.33	2.37	2.38	2.45	2.52	2.60	2.66	2.81
石油加工、炼焦及核燃料加工业	4.54	4.51	4.56	4.59	3.63	3.68	3.72	4.01	4.77	4.84	4.91	4.91
化学原料及化学制品制造业	2.42	2.48	2.47	2.47	2.45	1.49	1.43	1.43	1.42	1.44	1.47	1.51
化学纤维制造业	2.40	2.42	2.44	2.45	2.55	2.47	2.46	2.47	2.51	2.53	2.56	2.58
非金属矿物制品业	2.88	2.87	2.90	2.99	2.95	3.01	3.08	3.11	3.18	3.18	3.20	3.25

续表

行业	1999年	2000年	2001年	2002年	2003年	2005年	2006年	2007年	2008年	2009年	2010年	2011年
金属制品业	2.46	2.45	2.44	2.45	2.49	2.51	2.54	2.58	2.63	2.68	2.81	2.74
黑色金属冶炼及压延加工业	3.12	3.20	3.24	3.30	3.28	3.33	3.38	3.40	3.46	3.58	3.60	3.59
有色金属冶炼及压延加工业	2.30	2.33	2.38	2.39	2.40	2.38	2.37	1.43	1.45	1.48	1.47	1.51
通用设备制造业	4.01	4.09	4.11	4.18	4.30	4.49	4.41	4.22	4.28	4.30	4.44	4.45
专用机械制造业	5.11	5.19	5.17	5.20	5.21	5.26	5.23	5.27	5.25	5.33	5.32	5.37
交通运输设备制造业	3.24	3.30	3.37	3.38	3.40	3.51	3.57	3.55	3.55	3.63	3.64	3.66
电器机械及器材制造业	2.53	2.52	2.52	2.59	2.53	2.68	2.66	2.65	2.69	2.72	2.77	2.81
通信设备、计算机及其他电子设备制造业	2.10	2.12	2.21	2.24	2.25	2.29	2.32	2.39	2.40	2.39	2.38	2.35
医药制造业	1.52	1.56	1.55	1.49	1.51	1.58	1.63	1.66	1.72	1.77	1.78	1.84
橡胶制造业	1.90	1.95	1.93	1.93	1.94	1.93	1.97	1.98	1.99	1.96	2.01	2.00
塑料制造业	1.44	1.45	1.47	1.52	1.54	1.56	1.62	1.62	1.64	1.66	1.69	1.70
仪器、仪表文化办工业	1.30	1.32	1.34	1.35	1.34	1.33	1.41	1.44	1.42	1.40	1.49	1.56

资料来源：笔者根据《中国统计年鉴》《中国工业经济统计年鉴》相关数据计算所得，计算方法参照施炳展、冼国明（2012）。

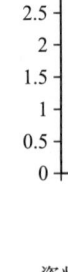

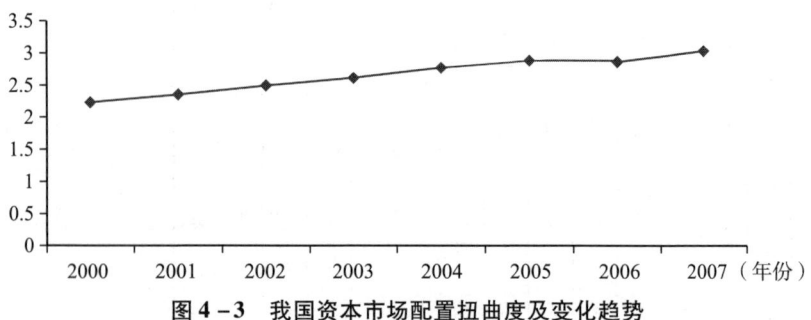

图 4-3　我国资本市场配置扭曲度及变化趋势

资料来源：笔者根据工业企业数据库和中国统计年鉴相关数据计算所得。

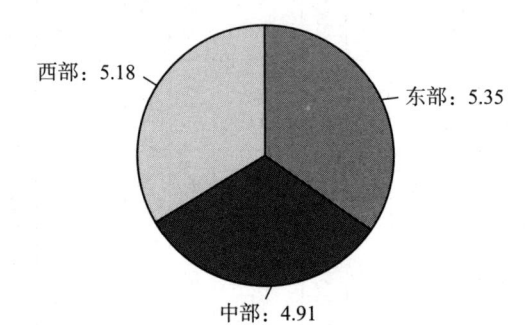

图 4-4　我国不同地区工业企业资本市场配置扭曲程度

资料来源：笔者根据工业企业数据库和中国统计年鉴相关数据计算所得。

4.3　我国中间投入品市场配置扭曲状况

企业层面的中间品包括初级能源、基础生产资料、原材料，还包括进口的中间投入品等。长期以来，在各级地方政府的行政干预、行业与区域垄断以及市场分割等诸多因素的综合影响下，我国大多初级能源、基础生产资料等物品普遍存在较严重的配置扭曲现象，各级地方政府通过有效地控制中间品市场，人为地压低中间品价格，这导致中间投入品价格并未真正地反映其市场供求关系，从而导致部分中间品被过度开发和浪费，也造成了中间投入品与其他生产要素的错配现象，造成了较明显的产出损失（冼国明、程娅昊，2013；聂辉华、贾瑞雪，2011）。

此外，随着对外开放力度的不断加大，我国中间投入品还包括一定比例的进口中间品。由于国内中间品在质量、技术复杂度等环节达不到驻华跨国公司的要求，它们会以跨国公司"内部价格"的形式低价从海外母公司（或其他子公司）购入中间品。这种"内部价格"是为了最大限度地降低最终产品的生产成本，因而并没有体现公平市场竞争，因而也是一种配置扭曲现象。随着我国对外开放程度的不断加深，我国对中间投入品的进口规模会越来越大，这必然导致进口中间品市场配置扭曲现象越来越严重。

进口中间投入品除了存在上述配置负向扭曲之外，它还可能会存在"正向"扭曲，即部分进口中间品存在价格溢价现象，其市场价格明显高于其边际产出值。这部分中间品一般指的是高附加值进口中间品。这类进口中间品由于包含着较多的附加值，一定比例的高科技成分，所以发达经济体往往通过"价格溢价"的方式来垄断市场，获取垄断利润。

简言之，我国中间品市场的扭曲状况相对比较复杂，既有国内能源、初级生产资料市场的配置负向扭曲，也存在跨国公司通过"转移价格"而实现的进口中间品的配置负向扭曲，同时也存在高附加值进口中间品的配置正向扭曲现象。

图4-5描绘了我国各类进口中间品配置扭曲状况[①]。根据图4-5可以看出，我国各制造业行业中间品配置扭曲状况并不一致，部分行业中间品市场配置扭曲度大于1，部分行业中间品市场配置扭曲度小于1，即部分中间品市场存在负向扭曲，部分中间品市场存在正向扭曲。根据本图我们可以看出，配置扭曲度大于1的只有三个行业，其余行业的配置扭曲度均小于1。这说明我国进口的大多中间品存在配置正向扭曲，只有少数行业的中间品进口存在配置负向扭曲。这个图示结果与上面对中间品配置扭曲分析结论一致。

图4-6描绘了不同附加值中间品配置扭曲状况及发展趋势。我们发现：低附加值中间品市场相对扭曲指数普遍大于1，并且数值呈缓慢上升态势；高附加值中间品市场相对扭曲指数普遍小于1，并且其数值呈缓慢下降趋势。换言之，我国低附加值中间品普遍存在配置负向扭曲现象，并且呈逐渐加重趋势；我国高附加值中间品（一般指的是进口高

[①] 受进口中间品数据限制，我们只选取了十个数据相对完整的行业，具体请见下一页。

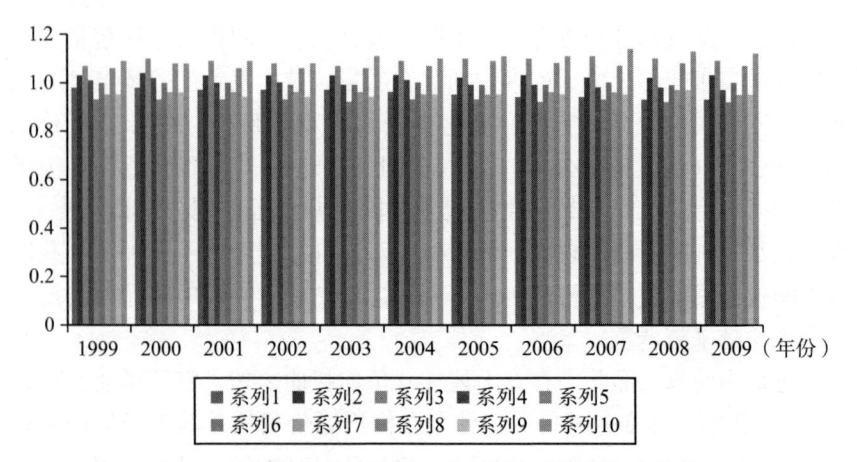

图4-5 我国部分行业进口中间投入品配置扭曲指数

注：由于较多行业的中间投入品数据相对缺乏，我们只选取了数据相对完整的部分行业对其进口中间品市场配置扭曲进行测度，与图4-5系列1到系列10一一对应的这些行业分别是：农副食品加工业、纺织业、石油加工、炼焦及核燃料加工业、化学原料及化学制品制造业、非金属矿物制造业、黑色金属冶炼及压延加工业、通用设备制造业、交通运输设备制造业、电器机械及器材制造业通信设备业、计算机及其他电子设备制造业共十大行业。由于2010年和2011年的进口中间品数据残缺严重，故本图没有使用这两年的数据，仅截至2009年。

资料来源：根据《中国统计年鉴》《中国工业经济统计年鉴》相关数据测算所得，测度方法参照冼国明、程娅昊（2013）。

附加值中间品）市场存在配置正向扭曲现象，并且这种扭曲程度在缓慢提升。根据图4-6得出的基本结论与本章上述分析仍然保持一致。

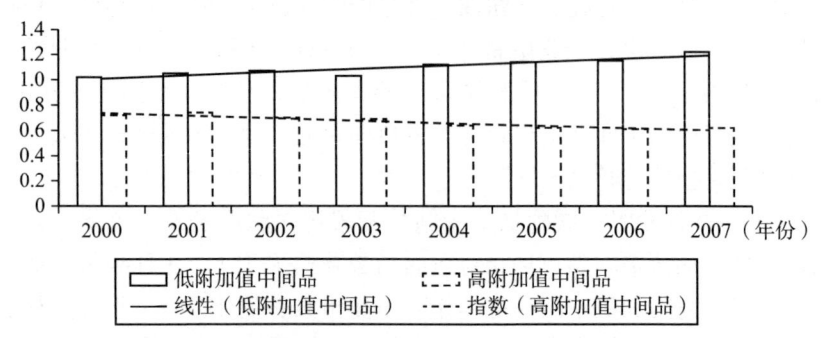

图4-6 我国不同附加值进口中间投入品配置扭曲指数

资料来源：根据《中国统计年鉴》《中国工业经济统计年鉴》相关数据测算所得，测度方法参照冼国明、程娅昊（2013）。

4.4 我国制造业出口品质变迁状况

改革开放以来,在各生产要素(包括劳动力、资本、能源、各类中间品等)的巨大成本优势驱动下,我国出口产品具有很明显的价格优势,从而很大程度上带动了我国出口乃至整个国民经济的高速增长。在这期间,由于出口速度非常快,出口规模也很大,产品国际市场竞争力比较强,所以此时出口企业不会有较大动力进行出口品质升级。因此,从这个角度看,我们认为我国制造业出口品质在改革开放以来较长时间内不会有较明显的质量升级现象。

近年来,随着我国劳动力等各生产要素价格的迅速上涨,我国劳动密集型出口产品的价格优势被迅速削弱时,制造业出口品质升级问题成为摆在众多企业面前的一个亟须解决的实际问题,同时它也成为当前学术界的热点研究课题之一。

那么,制造业出口品质到底应该如何测度?应该使用怎样的指标体系去准确度量某类出口产品的质量水平?目前学术界对此问题并未有统一定论。但国内外学者们一直在努力探索,不断地改进已有的测度指标或方法。总体来看,到目前为止,学术界大多学者使用单位价值法来作为出口品质的代理变量,即认为出口单位价值高的产品,其质量水平会更高一些。这种测度方法非常简便,只要用某类产品的出口总金额除以出口总数量就可以得到出口单位价值。因此单位价值法获得了很多学者们的青睐。

需要指出的是,该方法有明显的不足,即产品的单位价值与其出口品质并不一定存在严格的一一对应的关系。因为出口品质只是影响其价格高低的一大因素,还有其他因素(如供求关系、汇率、消费偏好及生产要素禀赋状况等)也能直接影响到产品价格。这会导致在某些情况下单位价值变高的产品其质量未必会对应着提升。对像我国各生产要素市场普遍存在配置扭曲的情况下,产品价格就更不能准确地反映出口品质。因为如果某生产要素配置负向扭曲越重,会导致最终产品价格越低,但此时出口品质却未必会下降。因此,用单位价值法并不适合测度我国制造业出口品质。此外,部分学者利用价格分解方法构建了出口质量指数,其基本思路是:把出口价格进行分解,运用迭代逼近的方法估测一国制造业出口品质(Hallak and Schoot,2011;章璐,2010;熊杰,2011;王涛生等,2013)。这种方法克服了单位价值法的不足,具有一定的合理性。不过这种方法的缺陷是,它只能测度行业层面的制造业出口品质,并不能测度到微观层面的出口品质。后来,汉德尔瓦尔(Khandelwal,2010)基于嵌套Logit的框架,运用倒扣法给出了微观层面出口品质的测度方法,其测度原理为:假定产品市场份额是产品价格、出口品质等因素的函数,把市场份额中的价格等因素控制后剩余的就是出口品质。后来这种方法获得了部分学者的使用(如施炳展等,2013;卢鑫,2013;张一博等,2014)。

目前来看,汉德尔瓦尔(2010)的倒扣质量方法是学术界使用的比较先进的关于制造业出口品质的测度方法。本章也使用此方法来测度我国企业层面制造业出口品质。

图4-7给出了2000~2007年我国制造业行业制造业出口品质变迁趋势。根据图4-7容易看出,我国制造业出口品质在样本期内总体呈缓慢上升趋势,只是在不同年份质量升级的速度并不一致。根据图4-7,我们容易发现,自"入世"以来(自2001年开始),我国制造业出口品质指数开始出现明显的上升趋势,2003年以后这种趋势变得愈发明显。

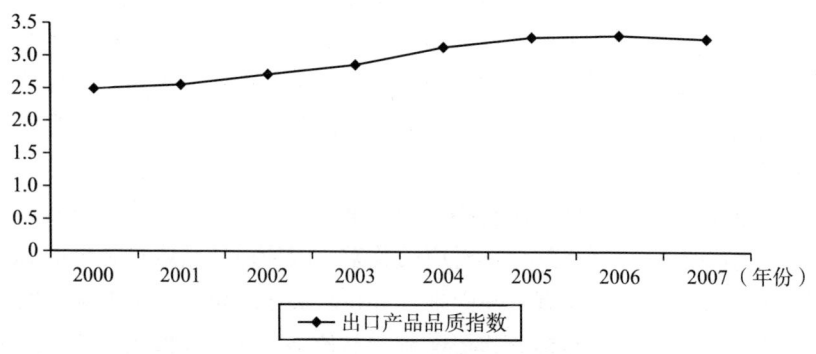

图4-7 我国制造业出口品质变化趋势

注:受数据获取等的限制,该图中的制造业出口品质指数仅指我国各制造业行业的制造业出口品质,不包括第一产业和第三产业。

资料来源:由于制造业出口品质测度需要用到海关数据库、中国工业企业数据库的合并数据,需要将海关产品层面数据与企业层面的财务数据进行合并。受微观数据获取性限制,我们只测度了2000~2007年我国制造业行业的制造业出口品质。测度方法请见本书第5章。

这表明,加入世界贸易组织有助于我国制造业出口品质的提升①。

图4-7是"入世"以来我国制造业出口品质总的变化趋势,它并不能反映不同制造业行业的情况。为此,我们测算了我国制造业28个行业的制造业出口品质指数,如图4-8~图4-11所示。

根据图4-8所示的六大行业中,皮革、毛皮羽毛及其制品业质量最高,但其波动幅度较大。其次是纺织、服装行业。我们发现纺织、服装行业的制造业出口品质发展总体平稳,但从2005年之后开始出现轻微的下滑。而其他几个行业(如食品类、饮料类、烟草类行业)质量总体偏低,但发展趋势比较平稳。

在图4-9所示的各行业中,总体看各行业制造业出口品质发展比较平稳,并未出现较明显的波动。其中,印刷业和记录媒介的复制业出口品质水平最高,其次是造纸、纸制品业和家具制造业。而文教、体育

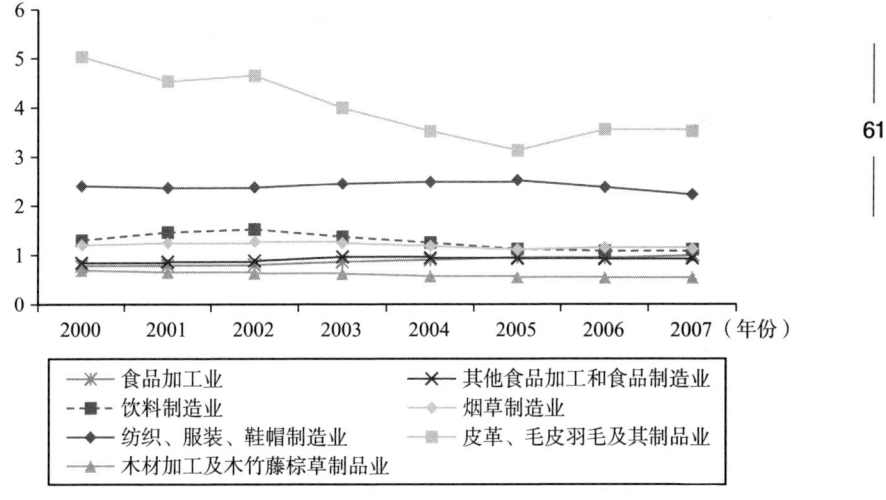

图4-8 我国制造业部分行业制造业出口品质变化趋势

资料来源:由于制造业出口品质测度需要用到海关数据库、中国工业企业数据库的合并数据,需要将海关产品层面数据与企业层面的财务数据进行合并。受微观数据获取性限制,我们只测度了2000~2007年我国制造业行业的制造业出口品质。测度方法请见本书第5章。

---

① 对此,我们认为可能的原因是,"入世"使我国出口企业面临着更大的挑战和激烈的国际竞争,这会倒逼部分企业通过提高出口品质水平来提高产品的国际竞争力。

中国要素市场配置与制造业出口品质升级

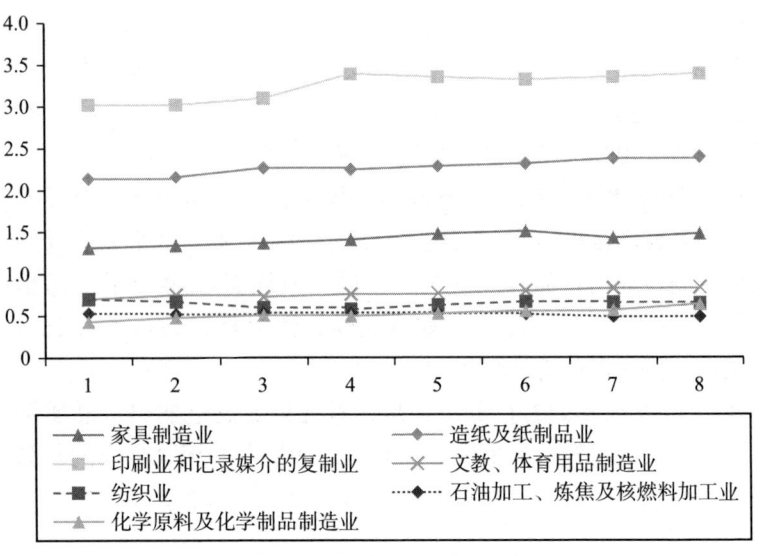

图 4-9 我国制造业部分行业制造业出口品质变化趋势（2000~2007 年）

资料来源：由于制造业出口品质测度需要用到海关数据库、中国工业企业数据库的合并数据，需要将海关产品层面数据与企业层面的财务数据进行合并。受微观数据获取性限制，我们只测度了 2000~2007 年我国制造业行业的制造业出口品质。测度方法请见本书第 5 章。

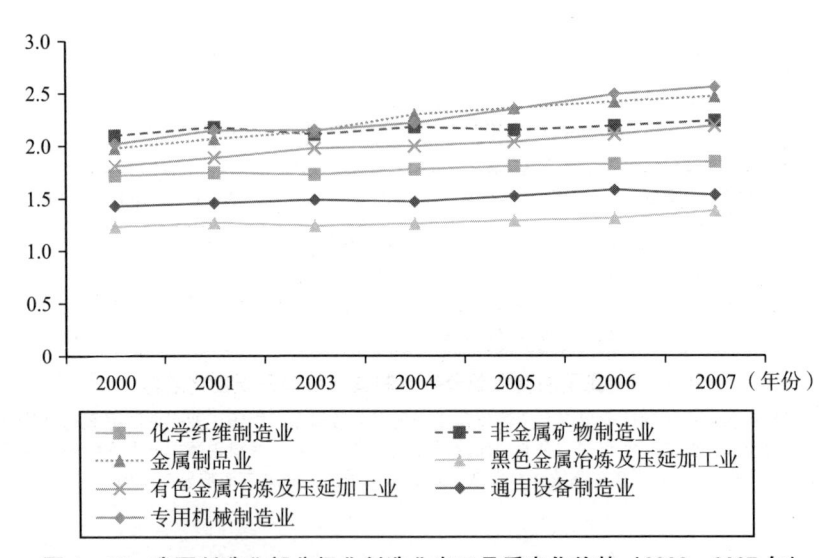

图 4-10 我国制造业部分行业制造业出口品质变化趋势（2000~2007 年）

资料来源：由于制造业出口品质测度需要用到海关数据库、中国工业企业数据库的合并数据，需要将海关产品层面数据与企业层面的财务数据进行合并。受微观数据获取性限制，我们只测度了 2000~2007 年我国制造业行业的制造业出口品质。测度方法请见本书第 5 章。

第4章 要素市场配置扭曲与我国制造业出口品质特征性事实

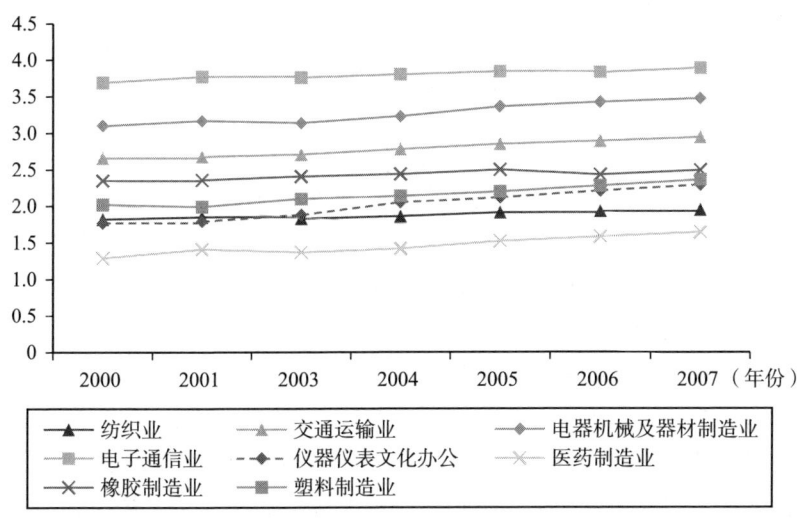

图 4-11 我国制造业部分行业制造业出口品质变化趋势

资料来源：由于制造业出口品质测度需要用到海关数据库、中国工业企业数据库的合并数据，需要将海关产品层面数据与企业层面的财务数据进行合并。受微观数据获取性限制，我们只测度了 2000~2007 年我国制造业行业的制造业出口品质。测度方法请见本书第 5 章。

用品制造业、纺织业、石油加工业、化学原料及化学制品业这几个行业制造业出口品质总体较低。

根据图 4-10 可以发现，我国非金属矿物业、金属制品业、专用机械制造业及有色金属冶炼及压延业质量水平较高，这可能与这几个行业的对外开放水平较高有关，吸引了较多的外资企业来华投资，结果导致这些行业的制造业出口品质水平较高且在持续提升。而化学纤维制造业、通用设备制造业及黑色金属冶炼及压延业质量稍微偏低，但增长趋势平稳。

图 4-11 所示的各行业制造业出口品质增长趋势均比较平稳，其中，电子通信业、电器机械及器材制造业及交通运输业质量最高，我们认为这基本符合这几个行业的基本情况。而橡胶制造业、医药制造业、仪器仪表文化办公及纺织业的制造业出口品质指数偏低，这说明我国这几个行业在样本期内的制造业出口品质总体看发展水平偏低。

4.5 本章小结

本章侧重描述了我国各类主要生产要素（劳动力、资本、中间品）以及制造业出口品质的基本现状和变迁趋势，并利用相关数据进行了统计分析，得出了一些有价值的统计结论，从而为后面的实证分析提供必要的资料基础和统计基础。

在第4.1节，我们首先描述了我国劳动力要素市场的发展历程，然后概括了劳动力市场配置扭曲的基本状况，并分别从城乡户籍制度、劳动力市场分割、歧视观念以及经济发展战略等层面系统地概括了劳动力市场配置扭曲的主要成因，最后运用相关统计数据描绘了各年我国主要制造业行业劳动力市场的扭曲状况，发现我国大多制造业行业确实存在比较明显的劳动力市场配置扭曲状况，即各行业大多存在劳动力配置负向扭曲的情况，这个统计结果与我们的理论分析保持一致。

在第4.2节，我们分别从企业所有制、行业及区域三个视角分析了我国资本市场存在的比较严重的扭曲现象，我们认为我国资本市场存在的扭曲基本上都与各级地方政府或相关部门的金融管制有直接关联，即为了鼓励某些行业（产业）、地区经济的快速发展，实现本地区经济的快速发展，各地区相关部门制定了歧视性的融资政策，从而导致了资本市场在不同行业和不同地区之间存在明显的市场分割和扭曲现象，扭曲的存在导致产生了产出效率损失和行业之间、地区之间经济发展的不平衡现象。

在第4.3节，我们侧重考察了我国中间投入品市场配置扭曲状况。我国最终产品生产过程中既包括国内资源、初级生产资料等初级或低附加值中间投入品，也包括进口的中高档中间投入品。我国本土的中间投入品往往存在配置负向扭曲的情况，而进口中间品不但包括来自跨国公司"转移价格"的中间投入品，还包括高附加值、科技含量较高的存在"技术溢价"的中间投入品。显然，前者存在较严重的配置负向扭曲，而后者却存在较显著的配置正向扭曲，即市场价格明显高于其边际产出值。在此基础上，我们还对我国各类中间品配置扭曲度分别进行了测算，测算结果与理论分析结论保持一致。

在第4.4节，我们侧重描述并分析了我国近年来的制造业出口品质状况。我们首先通过理论分析，认为在较明显的价格优势情况下，企业不会有较大动力进行出口品质升级。然后从近年来我国劳动力等生产要素使用成本快速上涨出发，分析了当前制造业出口品质升级是众多企业必须面对和着手解决的一个重大现实问题，同时它也是学术界研究的热点课题之一。

在本节，我们首先探讨了国内外学术界关于制造业出口品质的主要测度方法，分析了各自的优劣，并指出了当前比较先进的在嵌套Logit测度基础上的反推质量方法的优势。在此基础上，我们运用相关微观合并数据运用此方法测度了我国2000~2007年主要制造业行业的制造业出口品质。测度结果表明，我国各行业制造业出口品质总体保持平稳增长态势，并没有发生较明显的质量升级现象，从而与理论分析结论保持一致。

第5章 要素市场配置扭曲对中国制造业出口品质升级影响的实证分析

5.1 计量模型、变量构造和数据说明

5.1.1 计量模型

基于本书的研究内容和本书第 3 章的基本理论假设，我们构建如下基准计量模型：

$$\begin{aligned} \text{quality}_{it} = {} & \alpha_0 + \alpha_1 \text{distl}_{it} + \alpha_2 \text{distl}_{it}^2 + \alpha_3 \text{distk}_{it} + \alpha_4 \text{distk}_{it}^2 + \alpha_5 \text{distm}_{it} \\ & + \alpha_6 \text{distm}_{it}^2 + \beta_1 \text{se}_{it} + \beta_2 \text{lnwage}_{it} + \beta_3 \text{lnk}/l_{it} \\ & + \beta_4 \text{lnm}/l_{it} + \beta_5 \text{rd}_{it} + \beta_6 \text{lntfp}_{it} + \gamma \cdot C + v_i + \zeta_{it} \end{aligned} \quad (5-1)$$

(5-1) 式中，quality 表示制造业出口品质，distl、distk、distm 分别表示劳动力市场配置扭曲度、资本市场配置扭曲度和中间投入品配置扭曲度。为了捕捉各要素市场配置扭曲对出口品质可能存在的非线性影响，我们在模型中纳入了劳动力、资本及中间品市场配置扭曲度的二次项（分别表示为 distl^2、distk^2、distm^2）。se、lnwage、lnk/l、lnm/l、rd、lntfp 分别表示企业规模指数、经验累积指数、资本配置强度、中间品配置强度、企业研发强度和生产率。γ 指的是一组列向量，C 代表一组控制变量。此外，v_i 表示不可观测的行业效应，ζ_{it} 为随机扰动项。

5.1.2 变量构造

1. 制造业出口品质（quality）

本书第 4 章已经指出，到目前为止，关于制造业出口品质，学术界尚未形成统一的测度指标，关于制造业出口品质的测度方法一直处于不断地修正中。作为一个经济转型国家，长期以来我国一直存在要素市场和产品市场改革不同步的现象，因此导致长期存在要素市场配置扭曲。要素市场配置扭曲会使得产品价格不能准确地衡量出口品质（施炳展等，2014）。为此，我们借鉴乔尔（2011）的做法来测度制造业出口品质。该方法的基本假设是：如果两种同类产品价格相同，那么质量更高的产品肯定更受消费者青睐。于是，这种质量更高的产品的市场份额会更大。基于这个基本假设，我们可以通过构建关于某种出口产品市场份额的计量方程，得出关于该出口产品市场份额的函数表达式（在该函数中，影响产品出口市场份额的因素全部被纳入其中）。只要我们有效控制了产品价格等诸多因素对产品市场份额的影响，那么剩余的就是出口品质[①]。该方法的测度步骤如下：

假设消费者产品效用函数为 CES 形式：$U = [\sum_{imt}(\lambda_{imt}q_{imt})^{\frac{\sigma-1}{\sigma}}]^{\frac{\sigma}{\sigma-1}}$。其中，q 和 λ 分别代表该出口产品的数量和质量；σ 表示产品的替代弹性（σ>1）；i 表示出口企业，m 表示出口目的地，t 表示年份。此时，代表性消费者的需求函数为：$q_{imt} = p_{imt}^{-\sigma}\lambda_{imt}^{\sigma-1}\frac{E_t}{P_t}$。上式中 E_t 为消费者在 t 年份在该产品上的支出额。

对上述消费者需求函数左右两边取对数，可得：

$$\ln q_{it} = (\sigma-1)\ln P_{it} - \sigma \ln p_{it} + (\sigma-1)\ln \lambda_{it} \quad （Ⅰ）$$

对（Ⅰ）式进行回归得到的残差项 $\varepsilon_{it} = (\sigma-1)\ln\lambda_{it}$ 里面包含制造业出口品质。

根据残差项表达式，制造业出口品质可表示为：

[①] 热韦尔（2009）、马克等（2012）、乔尔（2011）、施炳展等（2012，2013，2015）均使用此方法来测算出口品质。

$$ql_{it} = \ln\hat{\lambda}_{it} = \frac{\hat{\varepsilon}_{it}}{\sigma - 1} = \frac{\ln q_{it} - \ln \hat{q}_{it}}{\sigma - 1} \quad (\text{II})$$

对（Ⅱ）式进行标准化处理，得到标准化出口品质指数：

$$squality_{it} = \frac{ql_{it} - minql_{it}}{maxql_{it} - minql_{it}} \quad (\text{III})$$

（Ⅲ）式中，$maxql_{it} - minql_{it}$ 代表行业层面产品的质量阶梯长度，它并不随时间变化。

于是，企业制造业出口品质指数可定义为：

$$quality_{it} = \frac{value_{it}}{\sum value_{it}} \times squality_{it} \quad (\text{IV})$$

（Ⅳ）式中，$quality_{it}$ 指企业 i 在 t 年份的制造业出口品质，$value_{it}$ 表示企业 i 在 t 年份各 HS8 分位产品出口金额，$\sum value_{it}$ 表示该企业在 t 年份所有 HS8 分位产品出口金额之和。

需要指出的是，上述测度方法存在内生性问题。因为上述方法假定制造业出口品质与出口产品价格为两个不相关的变量。这是一个与现实不符的假设，因为产品价格里面会包含出口品质因素，即价格与质量是具有相关性的。为此，我们参照尼沃（Nevo，2001）的做法，采用企业在其他国家市场出口的平均价格作为该企业在进口国市场出口产品价格的工具变量来处理内生性问题。

2. 主要解释变量

（1）要素市场配置扭曲度（distl）。本章采用柯布—道格拉斯生产函数法来测度各生产要素的配置扭曲度。设产品的生产函数形式为：$Y_{it} = AK_{it}^{\alpha}L_{it}^{\beta}M_{it}^{\gamma}$。其中，$Y_{it}$、$K_{it}$、$L_{it}$、$M_{it}$ 分别表示 t 时期企业 i 的产出水平、资本、劳动力和中间品投入量，A 代表企业的全要素生产率。于是，劳动力边际产出为 $MP_L = \partial Y/\partial L = \beta Y/L$。设完全竞争条件下劳动力价格、资本价格及中间品价格分别为 w、r 和 p_M，则企业 i 在 t 时期的劳动力市场配置扭曲指数、资本市场配置扭曲指数以及中间品市场配置扭曲指数分别可表示为：$distl_{it} = MP_L/w = \beta Y/Lw$、$distk_{it} = MP_k/r = \alpha Y/Kr$、$distm_{it} = MP_M/p_M = \gamma Y/Mp_M$。其中，产出 Y 用企业工业增加值表示，资本投入量 K 用企业固定资产净值表示，劳动力投入量 L 采用企业的员工人数表示，中间品投入量用 M 表示。

需要说明的是,我们在测算出资本扭曲度的原始数值后,发现有较多异常值,我们借鉴冼国明、施炳展(2012)的做法,对异常值进行 winsor 0.01% 缩尾处理,然后取对数,并消除因数值过大可能带来的异方差问题。

(2)企业规模指数(se)。设企业规模指数为 se = AC/MC,即:企业规模经济指数等于平均成本与边际成本的比值(陈林、刘小玄,2015)。于是,

$$\frac{1}{se} = \frac{MC}{AC} = \frac{\partial lnC(Y)}{\partial lnY} = \alpha_y + \alpha_{yy}lnY + \sum_{j=1}^{k}\alpha_{yj}lnw_j \quad (5-2)$$

其中 Y 为企业产出,w_i 为企业生产过程中投入各要素的价格,j 为生产过程中所使用的第 j 种要素。如果企业规模指数大于 1($se>1$),表明该企业存在规模经济;如果企业规模经济指数小于 1($se<1$),表明企业不存在规模经济。根据(5-2)式容易看出,企业规模指数与 α_y、α_{yy}、α_{yj}、lnY 及 lnw_i 密切相关,因此首先测算这几个变量。我们构建如下超越对数成本函数计量方程:

$$lnC = \alpha_0 + \alpha_y lnY + 0.5\alpha_{yy}(lny)^2 + \alpha_k ln\omega_\kappa + 0.5\alpha_{kk}(lnw_k)^2 + \alpha_l lnw_l \\ + 0.5\alpha_{ll}(lnw_l)^2 + \alpha_{kl}lnw_k lnw_l + \alpha_{yk}lnYlnw_k + \alpha_{yl}lnYlnw_l + \varepsilon_1 \quad (5-3)$$

根据(5-3)式,容易得到各生产要素在总成本中的份额:

$$s_j = \alpha_j + \sum_{l=1}^{k}\alpha_{jl}lnw_l + \alpha_{yj}lnY^i \quad (5-4)$$

$$s_k = x_k/C = \alpha_K + \alpha_{kl}lnw_l + \alpha_{kk}lnw_k + \alpha_{yl}lnY + \varepsilon_2 \quad (5-5)$$

$$s_l = x_l/C = \alpha_l + \alpha_{kl}lnw_k + \alpha_{ll}lnw_l + \alpha_{yl}lnY + \varepsilon_3 \quad (5-6)$$

上述各式中的 x_k、x_l 分别表示资本投入量和劳动力投入量。然后,我们运用似不相关回归方法(Seemingly Unrelated Regression,SUR)对上述计量方程(5-3)式、(5-5)式、(5-6)式分别进行回归得到各回归系数,并代入(5-2)式即可求得企业的规模指数。

下面介绍一下测度企业规模指数所用到的上述各变量的测度方法:我们用企业产品销售收入额的对数值来衡量企业产出水平;用企业资本投入 x_k、劳动投入 x_l、存货投入 x_t、产品销售费用、管理费用与应交所得税之和的对数值来衡量企业总成本;用企业每年应付工资总额的对数值测度劳动力投入规模,用职工平均工资的对数值测度劳动力价格;用企业的固定资本存量净值测度资本投入量。此外,我们借鉴贾拉迪亚兹

(Jara – Diaz et al., 2004) 的做法测度资本价格,即:

$$w_k = \frac{x_k}{K_A} = \left[\text{Dep} + \frac{K \cdot \gamma}{1 - e^{-\gamma t}} + (K_C - \text{stock}) \cdot \gamma \right] \Big/ K_A \qquad (5-7)$$

(5-7) 式中,K_A 是企业资产总额。K 是固定资产净值,γ 为中国人民银行公布的银行定期存款的基准利率。Dep 表示企业当年折旧,t 是固定资产的折旧年限,取值为 20 年。K_C 是流动资产,stock 是企业存货。上述各数据中,银行存款利率来自中国人民银行官方网站,其他数据均来源于中国工业企业数据库。

(3) 经验累积指数 (lnwage)。劳动力市场配置扭曲会刺激企业大量引进非熟练劳动力,随着引进时间的不断延长,非熟练劳动力会逐渐变成熟练劳动力,这个过程伴随着生产经验的不断累积和工人工资的逐渐提高。因此,我们可以用非熟练劳动力工资的变化来作为职工获取经验累积的代理变量。为了避免职工工资数值过大可能带来的异方差问题,我们在测算时用每个企业应付工资总额与职工总人数比值的自然对数值来衡量扭曲带来的经验累积程度。

(4) 资本与中间品配置强度 (lnk/l、lnm/l)。本书上述的理论分析表明,劳动力市场配置扭曲会引起劳动力与其他要素投入比例发生一些变化,从而对各要素的配置强度产生影响。据此,我们分别构建了资本配置强度与中间品配置强度两个指标。其中,我们用年度企业固定资产净值与同期职工总人数的比值来刻画资本配置强度,用企业中间品投入总额与同年度本企业职工总数的比值测度中间品配置强度。这两个指标所用到的数据均在工业企业数据库中可以得到。

(5) 创新能力 (rd)。根据本书第 3 章的理论分析可知,劳动力市场配置扭曲可能对企业的研发行为 (创新行为) 产生影响,从而最终影响制造业出口品质。在测度时,我们使用企业每年新产品产值与同期销售总额的比值来刻画企业的创新能力:如果该比值较高,说明企业具有较高的创新能力;如果该比值较低,说明企业创新能力较差。

(6) 劳动生产率 (lntfp)。本书的理论分析表明,劳动力市场配置扭曲可能会导致企业劳动生产率发生一些变化,从而对出口品质产生影响。基于此,我们在模型中纳入了劳动生产率指标。在实际测算时,考虑到数据的可获得性,我们使用企业年度总产出值与职工总人数的比值来刻画劳动生产率。由于该比值数值较大,为避免异方差的存在,我们

第5章 要素市场配置扭曲对中国制造业出口品质升级影响的实证分析

对此比值取对数处理。

3. 控制变量

控制变量层面，我们借鉴施炳展（2013，2014）的做法，分别选取企业规模、出口强度、获利能力、企业年龄等变量作为控制变量。具体地，我们用企业职工总数的对数值来反映企业规模大小，用企业年度出口交货值与其同期销售总额的比值来反映其出口强度，用企业年度净利润额与其销售收入总额的比值来衡量其获利能力，用企业当期所在年份与其注册年份之差的对数值衡量企业年龄。

我们预期企业规模系数为负，出口强度系数、获利能力系数为正，企业年龄系数为正。上述各控制变量测算所用数据均来自工业企业数据库。

表5-1报告了各变量的统计性描述结果。

表5-1 各主要变量的统计性描述结果

变量名称	英文名称	最小值	最大值	均值	样本量
制造业出口品质	quality	0	1	0.35532	183266
劳动力市场配置扭曲	distl	0.0859551	13.50627	1.577112	183266
资本市场配置扭曲	dist	2.174217	5.254982	3.668911	182887
中间品市场配置扭曲	distm	0.639582	4.953654	2.938140	110284
企业规模经济指数	se	0	16.53919	0.042191	183265
经验累积指数	lnwage	-5.298317	7.427181	2.582786	183266
资本配置指数	lnk/l	-6.354370	11.189920	3.617642	182887
中间品配置指数	lnm/l	-5.472270	11.84661	4.994351	183246
企业创新能力	rd	0	3.241464	0.0541289	150974
劳动生产率	lntfp	0	15.95514	0.0359739	183266

注：本表中的制造业出口品质是处理内生性之后的统计性描述结果。

5.1.3 数据来源与说明

本章实证分析侧重考察的是劳动力、资本及中间品市场配置扭曲对我国制造业企业制造业出口品质升级的影响。基于本章的研究内容可知，本章实证分析需要用到企业层面和产品层面的数据。而目前这两方面的数据主要来自两大数据库：一个是中国工业企业数据库；另一个是中国海关数据库。两大数据库统计侧重点并不一致，前者侧重以工业企业为统计对象，统计的是涉及到工业企业自身的基本信息及其详细的财务数据，并且仅统计所有国有企业和年销售额在 500 万元以上规模的非国有企业。后者是以产品为统计对象并且是月度层面的数据，它侧重对进出我国海关的各类产品进行统计（如进出我国国境的产品名称、出口目的地、出口单价、出口数量等信息）。

容易看出，工业企业数据库和海关数据库由于统计的侧重点和标准并不一致，因此需要对它们进行匹配。但鉴于工业企业数据库存在大量的统计数据缺失或统计错误现象，因此匹配前的数据处理也是很必要的。我们借鉴于（Yu，2013）的处理方法，对工业企业数据库进行如下处理：删除了不符合会计准则的异常样本，包括企业出口交货值大于销售额、固定资产净值大于企业资产总额、企业职工总人数不足 8 人等，并删除本书所需指标中存在缺失或出现负值的情形。此外，我们还对海关数据库进行了必要的整理：首先把月度层面的产品数据合并到了年度层面，然后对没有企业名称及产品名称的异常样本进行了删除。在此基础上，我们主要依据公共字段"企业名称"对两大数据库进行匹配，剩余样本我们再使用"邮政编码"和"电话号码"继续进行匹配，最终我们得到了 183266 个样本。

5.2 要素市场配置扭曲对制造业出口品质升级初步估计结果

基于上述分析，借助 stata12.0 计量软件，我们对劳动力、资本及中间品市场配置扭曲对我国制造业出口品质的影响进行了实证检验。检验结果报告在表 5-2 中[①]。

表 5-2 前 3 列分别报告了劳动力、资本及中间投入品配置扭曲对我国制造业出口品质影响的估计结果。我们发现，劳动力、资本及中间

---

① 经 Hausman 检验，发现表 5-2 中 6 个模型均拒绝随机效应的原假设，因此我们均采用固定效应模型。

投入品扭曲系数均显著为负值,其二次项系数均为正(其中,劳动力与资本二次项系数显著,中间投入品二次项系数不显著)。这表明,劳动力、资本及中间投入品的配置扭曲均会显著抑制我国制造业出口品质升级,并且这种影响是非线性的[①]。我们认为这个估计结果与本书第3章的理论分析结论基本一致(第3章的理论分析认为,劳动力、资本及中间品市场配置扭曲对出口品质的影响都会受到诸多因素的共同制约,即不太可能存在线性影响)。表5-2后3列是分别把三个要素扭曲度纳入同一模型后(表5-2第4列)、纳入控制变量但不控制行业固定效应(表5-2第5列)以及纳入控制变量同时考虑行业固定效应(表5-2第6列)情形下的估计结果。我们发现,在这三种情形下,劳动力、资本与中间投入品要素市场配置扭曲系数仍均显著为负。这个估计结果说明,劳动力、资本与进口中间品市场配置扭曲对我国制造业出口品质存在显著的抑制性影响。以上各估计结果表明,总体来看,劳动力、资本及中间投入品配置扭曲显著抑制了我国制造业出口品质升级。由于大样本估计结果过于粗糙,因此我们需要在后文分别针对每一个要素展开分样本稳健性检验。

表 5-2　　　　　　　　大样本估计结果

变量	(1)	(2)	(3)	(4)	(5)	(6)
$distl$	-0.047 *** (-12.73)			-0.046 *** (-11.62)	-0.063 *** (-8.39)	-0.069 *** (-7.96)
$distl^2$	0.030 *** (10.01)			0.032 *** (9.46)	0.044 *** (6.92)	0.047 *** (7.24)
$distk$		-0.014 *** (-5.83)		-0.043 * (-1.93)	-0.046 *** (-9.49)	-0.022 *** (-4.61)
$distk^2$		0.044 *** (4.64)		0.022 ** (2.24)	0.097 *** (5.77)	0.063 *** (3.21)
$distm$			-0.022 *** (-8.39)	-0.021 *** (-7.32)	-0.018 *** (-6.49)	-0.017 *** (-5.38)

① 由于中间投入品二次项系数不显著,所以根据此估计结果我们并不能确切认为中间投入品配置扭曲对我国出口出口品质存在非线性影响,在后文的稳健性分析中将会详细考察此问题。

续表

变量	(1)	(2)	(3)	(4)	(5)	(6)
distm²			0.062 (0.48)	0.055 (0.63)	0.072 *** (3.63)	0.059 *** (3.88)
se					-0.032 *** (-10.46)	-0.016 *** (-4.26)
lnwage					0.004 * (1.86)	-0.006 ** (-2.26)
lnk/l					0.027 *** (29.26)	0.024 *** (18.18)
lnm/l					-0.017 *** (-26.24)	-0.020 *** (-22.48)
rd					0.042 (1.54)	0.066 (0.15)
lntfp					0.343 (1.03)	-0.565 (-1.25)
控制变量	否	否	否	否	否	是
常数项	0.361 *** (828.27)	0.3593 *** (562.18)	0.5738 *** (42.81)	0.3616 *** (540.67)	0.5095 *** (101.59)	0.5847 *** (60.86)
行业固定效应	控制	控制	控制	控制	控制	控制
样本量	183266	182887	183246	182887	78983	78983
R^2	0.1110	0.1202	0.1222	0.1310	0.1350	0.1260

注：*、**、*** 分别表示在10%、5%、1%的统计水平显著。

我们再来看其他关于解释变量的估计结果。企业规模指数（se）系数显著为负，这说明企业规模效应显著抑制了我国制造业出口品质升级。对此我们给出的解释是，我国制造业企业①总体看并没有实现规模经济效应，规模不经济的存在会显著抑制企业制造业出口品质升级。经验累积指数（lnwage）在没有控制固定效应时系数显著为正，而在控制

---

① 由于本章实证分析样本是工业企业数据库和海关统计数据库，样本主体是国有企业（年销售收入额在500万元人民币以上），并不包括其他类型的企业。

固定效应情形下系数显著为负。这表明在产品生产过程中存在显著的劳动者经验累积效应。对于在两种情形下该系数符号不一致的问题，我们认为这可能是在产品生产的不同时段劳动者的经验累积存在差异导致的。在后面我们会根据生产过程的不同时段进行分组，检验在生产过程的不同时段劳动者的经验累积对出口品质的作用差异。资本与劳动力的配置比例（lnk/l）系数均显著为正，而中间投入品与劳动力的配置比例（lnm/l）系数均显著为负。这个估计结果说明资本与劳动力的配置能够显著促进出口品质升级，而中间投入品与劳动力的配置显著抑制出口品质升级。对此，我们给出的解释是，我国制造业企业中，资本要素与劳动力要素的配置比例比较合理，产生了较高的要素配置效率，从而促进了出口品质升级；而中间投入品与劳动力要素的配置比例并不合理，要素配置效率低下，从而抑制了出口品质升级。对于进口中间品与劳动力要素配置不合理，我们认为它可能与进口中间投入品的种类有关：我国产品生产过程中既投入附加值较低的中间品，也会投入附加值较高的进口中间品，不同附加值的中间品投入比例可能会存在较大的差异。在后面我们将会根据中间品的种类进行分组估计。研发变量系数（rd）虽为正但不显著，即企业的研发行为并未显著促进我国制造业出口品质升级。我们认为这很可能与我国企业大多不重视研发，研发投入强度较低有关。在劳动力市场配置扭曲较严重的情形下，我国企业产品的价格优势比较明显，企业无动力加大研发投入。劳动生产率指标（lntfp）系数在不控制行业固定效应时为正但不显著，但在控制行业固定效应后为负但也不显著。这说明无论在哪种情况下，企业生产率均没有对出口品质起到显著的影响。对此估计结果，我们认为这与样本期内我国企业生产率平均水平总体较低有关，以至于它还不能对出口品质升级起到较显著的促进作用。

5.3 内生性分析

内生性问题的分析与处理是实证分析不可或缺的一部分，因为计量模型的构建过程很可能会导致某个解释变量与随机扰动项产生相关性。一般而言，内生性的产生来自三个原因：解释变量与被解释变量的相互作用，统计或测量误差及遗漏变量。在本章建立的计量模型中［如式（5-1）所示］，我们认为劳动力、资本与中间投入品配置扭曲与制造业出口品质之间不应该存在相关作用。因为虽然要素市场配置扭曲会对制造业出口品质产生影响，但出口品质本身并不会影响到各要素的配置扭曲。但本模型有可能存在遗漏变量，并且这个遗漏变量可能与某个解释变量存在相关性，因此从理论上来讲可能会存在内生性问题。

在计量经济学中，关于内生性问题的处理方法有多种，但最普遍的方法之一就是工具变量法（IV估计）。而工具变量的选取对内生性问题的解决非常重要，一般而言，好的工具变量一般具备两个基本条件：第一，工具变量与内生变量高度相关；第二，工具变量与随机扰动项不相关。在实践中，使用工具变量处理内生性问题一般应该包括两个步骤：首先是对内生性问题的存在性进行检验，只有变量间存在内生性问题，才有必要处理内生性问题。而模型内生性存在性检验一般是通过Durbin–Wu–Hausman进行检验（简称D–W–H检验）。其次就是检验选取的工具变量是否符合上述两个基本条件。其中，工具变量的外生性问题一般是通过Sargan过度识别检验进行，而工具变量对内生变量的相关性问题可以根据工具变量估计法第一阶段得出的F统计量及其P值或者通过Anderson–Rubin来进行检验。

在实证分析时，若想找到完全符合上述两个条件的工具变量将是比较困难的，况且我们试图检验内生性问题的解释变量包括三个（劳动力市场配置扭曲、资本市场配置扭曲及中间品市场配置扭曲）。为此，我们拟尝试采用上述三个变量的滞后值来作为它们的工具变量。基于上述内生性问题的处理思路和方法，我们对（5-1）式所示的计量方程进行内生性分析，对应的估计结果报告在表5-3中。

我们首先根据表5-3的估计结果查看是否存在内生性问题。根据W–H检验（即Wu–Hausman检验）可知，在对劳动力市场配置扭曲和资本市场配置扭曲的内生性检验时，该统计量对应的P值均显著拒绝了原假设（原假设为"不存在内生性问题"），这表明劳动力市场配置扭曲和资本市场配置扭曲均属于内生变量。而对中间投入品配置扭曲的内生性检验中，D–W–H检验对应的P值并没有拒绝原假设，这表明中间投入品并不是内生变量。我们再来看一下对劳动力市场配置扭曲和资本市场配置扭曲的内生性处理结果，F统计量检验结果P值显著拒绝了原假设，表明工具变量对内生变量具有较强的解释力。Sargan 过度识别检验均接受原假设，这表明工具变量满足外生性这一原假设。

以上对内生性问题的估计结果表明，劳动力市场配置扭曲和资本市场配置扭曲存在内生性问题，它们都属于内生性变量，而中间品市场配置扭曲变量不属于内生变量。此外，上述检验结果表明，我们针对劳动力市场配置扭曲和资本市场配置扭曲的内生性处理也是合理的。

根据表 5-3 的估计结果，我们发现，在处理完内生性问题之后，劳动力市场配置扭曲、资本市场配置扭曲及中间投入品配置扭曲的系数与内生性处理前都有一定程度的变化，但各变量的符号并未发生改变，即在内生性处理前后各要素市场配置扭曲系数均为负值。这个估计结果说明，在处理内生性问题之后，劳动力、资本及进口中间品市场配置扭曲仍显著地抑制了我国制造业出口品质升级。此外，其他主要解释变量的系数也并未发生实质性的变化。这表明，内生性问题的处理能够在一定程度上调整了各要素市场配置扭曲对我国制造业出口品质的作用程度，但并未改变其作用方向。因此，我们认为，经过内生性分析与处理，我们得到了比较稳健的估计结果。

表 5-3　　　　　　内生性处理结果（IV2sls）

变量	(1)	(2)	(3)	(4)	(5)	(6)
distl	-0.041 *** (-5.39)	-0.034 *** (-3.91)				
distk			-0.091 *** (-16.65)	-0.097 *** (-10.54)		
distm					-0.024 *** (-3.51)	-0.026 *** (-4.40)
lnwage		0.019 ** 2.43)		0.023 *** (6.35)		0.014 ** (2.29)
lnk/l		0.018 *** (19.79)		0.086 *** (13.34)		0.011 *** (8.76)
lnm/l		-0.015 *** (-7.73)		-0.070 *** (-14.10)		-0.009 *** (-3.29)

续表

变量	(1)	(2)	(3)	(4)	(5)	(6)
rd		-0.432 (-1.04)		-0.514 (-1.30)		-0.533 (-1.46)
lntfp		0.014* (1.78)		-0.197*** (-10.37)		0.014*** (4.20)
常数项	0.315*** (102.03)	0.461*** (77.01)	-0.102*** (52.95)	0.111*** (3.28)	0.112*** (14.53)	0.257*** (30.82)
D-W-H Test	6.2840 (0.0117)	5.8878 (0.0152)	14.9821 (0.0106)	52.9267 (0.0000)	0.9274 (0.1149)	0.8878 (0.1152)
Sargan Test	0.4275 (0.6892)	0.7963 (0.3722)	2.0084 (0.1214)	2.6986 (0.1029)	—	—
F统计量	142.32 (0.01)	212.83 (0.00)	153.92 (0.00)	256.09 (0.00)	—	—
R^2	0.0924	0.0821	0.1002	0.1224	0.1629	0.1523
N	29186	29186	29123	29123	12942	12942

注：*、**、***分别表示在10%、5%、1%的统计水平显著。

需要说明的是，上述关于要素市场配置扭曲对我国制造业出口品质的实证分析并没有充分考虑各要素自身配置扭曲的特点而展开，因此上述估计结果比较粗糙。为此，我们认为有必要分别针对劳动力市场配置扭曲、资本市场配置扭曲及进口中间投入品配置扭曲对我国制造业出口品质的影响进行分样本稳健性检验。

5.4 劳动力市场配置扭曲的分样本检验

基于本书第3章关于劳动力市场配置扭曲对出口品质影响得出的理论假设，我们在本节首先检验劳动力市场配置扭曲对出口品质的非线性影响，然后分别检验劳动力市场配置扭曲所引起的企业研发水平、生产率、要素配置比例、企业规模经济、劳动力熟练程度等因素对我国制造业出口品质的影响。

$$\text{quality}_{it} = \alpha_0 + \alpha_1 \text{distl}_{it} + \alpha_2 (\text{distl}_{it})^2 + \beta_1 rd_{it} + \beta_2 \ln tfp_{it} + \beta_3 \ln k/l_{it}$$
$$+ \beta_4 \ln m/l_{it} + \beta_5 se_{it} + \beta_6 \ln wage_{it} + \gamma \cdot C + v_i + \zeta_{it} \quad (5-8)$$

上式各符号含义与上面一致。

5.4.1 劳动力市场配置扭曲对出口品质非线性影响检验

表 5-4 给出了劳动力市场配置扭曲对我国制造业出口品质非线性影响的检验结果。

表 5-4　劳动力市场配置扭曲对出口品质非线性影响估计结果

变量	(1)	(2)	(3)	(4)
distl	-0.04*** (-13.17)	-0.05*** (-12.73)	-0.04*** (-4.44)	-0.04*** (-4.25)
distl²	0.03*** (9.69)	0.03*** (10.01)	0.04*** (5.51)	0.03*** (4.08)
distl × rd			-0.06*** (-2.90)	-0.08*** (-3.03)
distl × lntfp			-0.11*** (-3.23)	-0.10*** (-4.53)
distl × lnk/l			0.13*** (3.34)	0.14*** (2.87)
distl × lnm/l			-0.09*** (-4.26)	-0.11*** (-3.42)
distl × se			-0.06*** (-2.90)	-0.07*** (-2.99)
distl × lnwage			-0.06 (-1.45)	0.05 (1.20)
控制变量	否	否	否	是
行业固定效应	否	是	是	是

续表

变量	(1)	(2)	(3)	(4)
常数项	0.373 *** (616.34)	0.361 *** (828.27)	0.363 *** (457.95)	0.476 *** (62.54)
样本量	183266	183266	79105	79084
R^2	0.0910	0.1210	0.1113	0.1132

注：*、**、*** 分别表示在10%、5%、1%的统计水平显著。

表5-4第（1）列是在没有纳入控制变量、没有考虑行业固定效应以及没有纳入扭曲的交互项前提下得出的估计结果，第（2）列是在第（1）列基础上考虑行业固定效应后的估计结果，第（3）列是在第（2）列基础上纳入扭曲交互项（包括劳动力市场配置扭曲与企业研发投入比例、生产率、要素配置效率、规模经济指数以及劳动力熟练程度五个指标的交互项）的估计结果，第（4）列是在第（3）列基础上纳入控制变量后（包括企业规模、年龄、资产负债率及利润率等）的估计结果。

根据表5-4的估计结果，容易发现：在任何一种计量模型下，劳动力市场配置扭曲系数均显著为负，其二次项系数均显著为正。这表明，从样本总体来看，劳动力市场配置扭曲显著抑制了我国制造业出口品质升级，并且它对我国制造业出口品质确实存在非线性影响。这个估计结果验证了本书第3章关于劳动力市场配置扭曲的理论假设一。

5.4.2 劳动力市场配置扭曲的出口品质效应

基于本书第3章关于劳动力市场配置扭曲对出口品质的第二个理论假设，我们对劳动力扭曲样本分别从研发效应、生产率效应、规模效应、要素配置效应以及经验累积效应等层面进行稳健性分析。

1. 扭曲的研发效应

我们把劳动力市场配置扭曲与企业研发强度的交互项纳入计量模型，检验结果报告在表5-5中。

第5章 要素市场配置扭曲对中国制造业出口品质升级影响的实证分析

表 5-5　　　　　　　　劳动力市场配置扭曲的研发效应

变量	全样本	R&D<0.025（小于中位数）		R&D>0.025（大于中位数）	
	（1）	（2）	（3）	（4）	（5）
distl	-0.052*** (6.54)	-0.031** (-2.19)	0.034** (2.48)	-0.002 (-1.47)	0.003 (1.55)
distl²	0.041*** (7.33)	0.052*** (5.24)	0.032*** (3.77)	0.031*** (4.53)	0.017 (0.19)
distl × rd	0.017 (0.90)	0.049** (2.14)	0.024 (1.04)	0.114*** (2.58)	0.056*** (3.28)
常数项	0.201*** (100.20)	0.261*** (82.42)	0.251*** (57.11)	0.162*** (42.83)	0.201*** (17.66)
控制变量	否	否	是	否	是
行业固定效应	否	是	是	是	是
样本量	79198	32322	32292	46876	46813
R²	0.1210	0.1103	0.1339	0.1332	0.1046

注：*、**、***分别表示在10%、5%、1%的统计水平显著。

表5-5第（1）列只考虑了劳动力市场配置扭曲以及扭曲与研发投入比例交互项对出口品质的影响。根据第（1）列可以看出，劳动力市场配置扭曲系数显著为负，劳动力市场配置扭曲与企业研发变量的交互项系数为正（但不显著）。这初步表明，劳动力市场配置扭曲会显著抑制出口品质升级，但研发的存在可能会在一定程度上减弱扭曲对出口品质的抑制作用甚至可能会提升出口品质。由于第（1）列扭曲与研发交互项系数并不显著，为了得到稳健的估计结果，我们根据企业研发投入比例的中位数进行分组，其中表5-5第（2）、（3）列是研发投入比例较低（低于中位数）情形下的估计结果，第（4）、（5）列是研发投入比例较高（高于中位数）情形下的估计结果。我们发现：第一，在企业研发投入比例较低组，在没有纳入控制变量时，劳动力市场配置扭曲系数显著为负，它与研发交互项系数已变为正数，但在纳入控制变量后，交互项系数虽为正但不再显著。据此，我们得出的结论是：在企业研发投入比例较低时，研发行为并不能有效地抵消扭曲对出口品质的抑

制作用，因而此时出口品质会下降。第二，在企业研发投入比例较高组，在没有纳入控制变量时，劳动力市场配置扭曲系数显著为负，它与研发交互项系数已变为正数（并且其数值明显高于在研发投入比例较低情形下的系数）。在纳入控制变量后，交互项系数仍显著为正。这表明，在企业研发投入比例较高时，研发行为能够有效地抵消扭曲对出口品质的抑制作用并且能够显著提升出口品质。

2. 劳动力市场配置扭曲的生产率效应

劳动力市场配置扭曲会通过刺激企业持续地引进非熟练劳动力从而引起其生产率发生变化。我们通过纳入劳动力市场配置扭曲与劳动生产率的交互项来刻画扭曲的生产率效应，对应的估计结果如表 5-6 所示。

表 5-6 第（1）、第（2）列是在没有纳入控制变量时的估计结果。其中第（1）列没有控制行业固定效应，第（2）列控制了行业固定效应。我们发现，不管是否控制行业固定效应，劳动力市场配置扭曲系数均显著为负，而它与生产率交互项系数均显著为正。这可以初步表明，劳动力市场配置扭曲抑制了出口品质升级，而它与生产率的组合则能显著促进出口品质升级。第（3）、第（4）列是在纳入控制变量后的估计结果，其中第（3）列控制了行业固定效应，第（4）列没有控制行业固定效应。根据第（3）、第（4）列的估计结果，我们发现：在纳入控制变量后，劳动力市场配置扭曲系数仍显著为负，但它与生产率交互项系数仍显著为负但其绝对值显著小于扭曲系数绝对值。这表明，在考虑控制变量的影响后，劳动力市场配置扭曲与生产率的组合仍然对出口品质升级起到显著的抑制作用，只是抑制的程度比劳动力市场配置扭曲稍轻。对此估计结果，我们给出的解释是：企业生产率的提升有助于出口品质升级（估计结果还表明，企业生产率系数在各模型中均显著为正），但由于劳动力市场配置扭曲对出口品质的抑制作用大于生产率提升对出口品质的提升作用（根据表 5-6 容易看出，劳动力市场配置扭曲系数绝对值明显大于企业生产率系数），所以两者的组合只能在一定程度上缓解劳动力市场配置扭曲对出口品质的抑制作用。

表 5-6　　　　　　　劳动力市场配置扭曲的生产率效应

变量	(1)	(2)	(3)	(4)
distl	-0.105*** (-13.71)	-0.149*** (-13.13)	-0.132*** (-4.56)	-0.120 (-0.28)
distl^2	0.022*** (8.84)	0.05*** (9.61)	0.03*** (5.92)	0.01*** (2.60)
distl × lntfp	0.010*** (5.55)	0.072*** (3.21)	-0.015*** (-3.21)	-0.001** (-2.39)
lntfp	0.088*** (10.28)	0.083*** (9.84)	0.094*** (5.84)	0.098** (2.90)
常数项	0.224*** (11.83)	0.202*** (8.61)	0.152*** (5.24)	0.114*** (5.28)
控制变量	否	否	是	是
行业固定效应	否	是	是	否
样本量	182869	182869	78983	78983
R^2	0.1209	0.1412	0.0939	0.1187

注：*、**、*** 分别表示在10%、5%、1%的统计水平显著。

为了得到劳动力市场配置扭曲对企业生产率较为稳健的估计结果，我们把大样本按扭曲的时间长短进行分组，将大样本分为扭曲当期组（2000年）、扭曲初期组（2000~2002年）、扭曲中期组（2000~2004年）和扭曲中长期组（2000~2007年）四个分样本。

劳动力市场配置扭曲对企业生产率动态影响对应的估计结果如表5-7所示。根据表5-7，我们发现：在扭曲当期（2000年），扭曲与生产率交互项系数为负但不显著，在扭曲发生第2年（2000~2002年），该交互项系数仍为负但绝对值大大减小，在扭曲发生第4年（2000~2004年），该交互项系数已经变为正值但不显著，在扭曲发生第6年（2000~2007年），该交互项系数已经显著为负。对此估计结果，我们给出如下经济学解释：在扭曲初期，由于新引进非熟练劳动力显著降低了企业生产率水平，因而导致此时出口品质下降；随着时间的延长，非熟练劳动力逐渐掌握了产品生产的基本技能，此时生产率会显著提升，因此两者的组合可能会促进出口品质升级；如果时间继续延长，企业可能会继续引进大量非熟练劳动力，从而导致其生产率水平重新下降，从而导致出口品质下降。显然，劳动力市场配置扭曲对出口品质影响的整个过程呈 W 型波动。这个估计结果与第 3 章的理论分析结论一致。

表 5-7　劳动力市场配置扭曲对生产率的非线性影响估计结果

变量	(1) 2000 年	(2) 2000~2002 年	(3) 2000~2004 年	(4) 2000~2007 年
$distl$	0.066** (2.27)	-0.039** (-2.09)	-0.044*** (-3.25)	-0.032*** (-4.56)
$distl^2$	-0.033 (-1.18)	0.042*** (2.83)	0.045*** (3.84)	0.033*** (5.92)
$distl \times lntfp$	-0.031 (-1.38)	-0.023 (-0.18)	0.062 (0.56)	-0.015*** (-3.21)
常数项	0.352*** (7.83)	0.221*** (6.24)	0.284*** (8.99)	0.102*** (3.74)
控制变量	是	是	是	是
行业固定效应	控制	控制	控制	控制
样本量	5800	21793	38309	78983
R^2	0.1128	0.1024	0.1045	0.1039

注：因为第（1）是截面数据，我们采用 OLS 法进行估计，后 3 列是面板数据，我们采用固定效应方法（FE）进行估计。*、**、*** 分别表示在 10%、5%、1% 的统计水平显著。

3. 劳动力市场配置扭曲的规模效应

为了检验劳动力市场配置扭曲的企业规模效应，我们把劳动力扭曲与企业规模指数的交互项纳入计量模型，对应的估计结果如表 5-8 所示。表 5-8 第（1）、第（2）列是在没有考虑控制变量时的估计结果。其中，第（1）列没有控制行业固定效应，第（2）列控制了行业固定效应。我们发现，不管是否控制行业固定效应，劳动力市场配置扭曲与企业规模指数交互项系数绝对值均显著小于扭曲系数绝对值。这初步可以说明劳动力市场配置扭曲的企业规模经济因素在发挥作用，它能够在一定程度上减轻扭曲对出口品质升级的抑制作用。这一结论在纳入控制变量后仍然成立（如第3列回归结果所示）。为了考察劳动力市场配置扭曲所引起的企业规模效应对出口品质的影响，我们根据企业规模指数的中位数进行分组①，表5-8第（4）、第（5）列分别是企业规模指数小于中位数和企业规模指数大于中位数的估计结果。我们发现：在规模不经济组，扭曲与企业规模指数交互项系数绝对值相对较大（-0.069）；而在规模经济组，扭曲与企业规模指数交互项系数绝对值显著变小（仅为-0.018）。对此估计结果，我们给出如下经济学解释：在企业实现规模经济情形下，企业规模经济的实现能够显著减轻劳动力市场配置扭曲对出口品质的抑制作用（此时企业规模指数系数显著为正，而劳动力市场配置扭曲系数显著为负）；而当企业存在规模不经济时，由于规模不经济因素与劳动力市场配置扭曲均会抑制出口品质升级（此时企业规模指数系数与劳动力市场配置扭曲系数均显著为负），所以两者共同存在时，出口品质升级会受到更大程度的抑制。

表5-8　　　　　劳动力市场配置扭曲的企业规模效应

变量	(1)	(2)	(3)	(4) se<1	(5) se>1
distl	-0.05*** (-12.67)	-0.04*** (-12.88)	0.057 (0.06)	-0.04*** (-8.31)	-0.03*** (-4.55)
distl^2	0.03*** (10.04)	0.03*** (9.89)	0.01** (2.16)	0.04*** (6.75)	0.05*** (8.47)
distl×se	-0.027 (-0.96)	-0.022*** (-4.79)	-0.012*** (-2.81)	-0.069*** (-3.13)	-0.018*** (-4.06)
se	0.083*** (2.98)	0.079*** (4.29)	0.076** (2.21)	-0.114*** (-3.48)	0.097*** (3.45)
控制变量	否	否	是	是	是
行业固定效应	不控制	控制	不控制	控制	控制

---

① 根据上面对企业规模经济指数的定义和测度方法可知，在se<1时企业存在规模不经济，在se>1时企业存在规模经济。

续表

变量	（1）	（2）	（3）	（4） se<1	（5） se>1
Hausman	58.29 (0.06)	29.84 (0.12)	87.64 (0.04)	102.77 (0.01)	89.27 (0.04)
常数项	0.361*** (828.10)	0.373*** (616.52)	0.441*** (97.22)	0.343*** (491.06)	0.379*** (657.96)
样本量	183265	67492	78983	91456	91809
R^2	0.0924	0.1024	0.1233	0.1217	0.1023

注：本表第（4）、（5）列分别是企业规模指数小于中位数、大于中位数的估计结果。*、**、***分别表示在10%、5%、1%的统计水平显著。

4. 劳动力市场配置扭曲的要素配置效应

根据本书第3章的理论分析可知，劳动力市场配置扭曲会改变原有要素的配置比例和配置效率，从而对出口品质产生影响。为了验证此假设，我们在计量模型中纳入劳动力市场配置扭曲与各要素配置比例的交互项（distl×lnk/l、distl×lnm/l），对应的估计结果报告在表5-9中。各模型的 Hausman 检验结果均拒绝原假设，因此我们采用固定效应模型（fixed effects regression）。

表5-9前两列是在未纳入控制变量情况下的估计结果，其中第（1）列是在不控制行业固定效应的估计结果，第（2）列是在控制行业固定效应后的估计结果。我们发现，在这两种情况下，扭曲系数均显著为负，扭曲与资本和劳动力配置比例交互项系数均显著为正，而扭曲与中间投入品和劳动力配置比例交互项系数均显著为负。这个估计结果表明：劳动力市场配置扭曲有助于改善资本与劳动力要素的配置效率，从而促进出口品质升级，而劳动力市场配置扭曲会显著降低中间投入品与劳动力配置效率从而会抑制出口品质升级。表5-9后两列是在纳入控制变量情况下的估计结果，其中第（3）列是在不控制行业固定效应时的估计结果，第（4）列是在控制行业固定效应后的估计结果。根据估计结果容易发现，在考虑控制变量的影响之后，不管是否考虑行业固定效应，劳动力市场配置扭曲系数显著为负，扭曲与资本和劳动力要素配置比例交互项系数为正值（没有通过10%的显著性水平），而扭曲与中间投入品和劳动力要素配置比例交互项系数则显著为负。对此估计结

果,我们给出如下解释:由于资本市场配置扭曲比劳动力市场配置扭曲更为严重(施炳展、冼国明,2012),因此,劳动力市场配置扭曲并不能显著改善资本与劳动力要素的配置比例,因而此时劳动力市场配置扭曲与资本和劳动力的配置比例的共存并不会显著促进制造业出口品质升级,但是劳动力市场配置扭曲会使得中间品投入相对稀缺,从而显著恶化中间投入品与劳动力要素的配置比例,从而导致我国制造业出口品质下降。

表 5–9　　　　　劳动力市场配置扭曲的要素配置效应

变量	(1)	(2)	(3)	(4)
distl	-0.003 *** (-7.38)	-0.003 *** (-7.15)	-0.007 *** (-7.13)	-0.004 *** (-4.85)
distl²	0.042 *** (12.30)	0.044 *** (12.11)	0.053 *** (8.38)	0.048 *** (8.71)
distl × lnk/l	0.324 *** (4.21)	0.502 *** (3.78)	0.246 (1.37)	0.126 (1.09)
distl × lnm/l	-6.327 *** (-8.78)	-5.485 *** (-8.62)	-3.619 ** (-2.23)	-4.071 *** (-3.08)
控制变量	否	否	是	是
行业固定效应	不控制	控制	不控制	控制
常数项	0.361 *** (814.15)	0.372 *** (614.27)	0.388 *** (128.40)	0.381 *** (158.15)
Hausman Test	75.24 (0.05)	52.38 (0.07)	37.22 (0.08)	66.73 (0.05)
样本量	182869	182869	78983	78983
R²	0.1411	0.1212	0.1129	0.1268

注:*、**、*** 分别表示在 10%、5%、1% 的统计水平显著。

5. 劳动力市场配置扭曲的经验累积效应

根据本书第 3 章的理论分析结论可知,劳动力市场配置扭曲在刺激企业引进非熟练劳动力后,在产品生产过程中会存在劳动力的经验累积效应,从而对出口品质升级产生影响。为了检验这一理论假设,我们在计量模型中纳入劳动力市场配置扭曲与经验累积指数的交互项，估计结果报告在表5－10中。

表5－10　　　　劳动力市场配置扭曲的经验累积效应

变量	(1) 大样本	(2) 2000年	(3) 2000~2002年	(4) 2000~2004年	(5) 2000~2007年
$distl$	-0.022*** (-2.75)	0.024 (0.08)	-0.094*** (-4.28)	-0.063*** (-6.12)	-0.026*** (-2.75)
$distl^2$	0.020*** (3.54)	-0.083*** (-0.32)	0.061*** (3.82)	0.063*** (5.53)	0.020*** (3.54)
$distl \times lnwage$	0.064 (1.59)	0.061 (0.72)	-0.063 (-0.84)	-0.011 (-0.19)	0.009*** (3.59)
控制变量	是	是	是	是	是
行业固定效应	控制	控制	控制	控制	控制
常数项	0.443*** (95.83)	0.294*** (29.12)	0.341*** (26.08)	0.367*** (42.08)	0.443*** (95.83)
样本量	78983	5800	21793	38309	78983
R^2	0.1232	0.1123	0.0982	0.1225	0.1025

注：*、**、***分别表示在10%、5%、1%的统计水平显著。

表5－10第1列是针对劳动力市场配置扭曲经验累积效应的大样本估计结果。我们发现，扭曲系数显著为负，而交互项系数为正值但不显著。据此，我们可以认为劳动力市场配置扭曲可能会存在经验累积效应，因而它可能会促进出口品质升级。表5－10第2列是对2000年的截面数据回归结果，我们发现交互项系数仍为正值（仍不显著）。我们认为这可能与样本初期劳动力市场配置扭曲的经验累积效应尚不存在，但是在生产连贯性影响下，出口品质可能会保持小幅升级态势。第3列是2000~2002年的面板数据回归结果。我们发现此时交互项系数已经是负值并且其绝对值明显小于扭曲系数。这说明在劳动力扭曲发生一段时间后，非熟练劳动力带来的经验缺乏效应开始显现，因而此时出口品质会下降。第4列是2000~2004年的面板数据回归结果。我们发现，虽然此时交互项系数虽仍为负值，但其绝对值已经远小于2000~2002

年这一时期。这说明随着劳动时间的延长,非熟练劳动力会逐渐熟悉生产过程,积累部分生产经验,所以此时非熟练劳动对出口品质升级的抑制作用在明显减弱。第 5 列是 2000～2007 年的面板数据回归结果,我们发现,劳动力市场配置扭曲与经验累积指数交互项系数已经显著变为正值。对此,我们给出的解释是:随着劳动时间的不断延长,非熟练劳动力会慢慢变成熟练劳动力,掌握了大量的生产经验,因此虽然存在劳动力市场配置扭曲,但此时劳动力的经验累积可以显著地带来出口品质的提升。

5.5 资本市场配置扭曲的分样本检验

根据本书第 3 章 3.2.2 节关于资本市场配置扭曲对出口品质的理论推导结论可知,资本市场配置扭曲对出口品质升级的影响取决于资本要素投入比例和资本市场配置扭曲度两方面。根据此理论假设,我们对资本市场配置扭曲对我国制造业出口品质影响进行检验时,侧重根据资本投入份额和资本市场配置扭曲度进行分组检验。我们对资本市场配置扭曲进行检验的基准计量方程为:

$$\text{quality}_{it} = \alpha_0 + \alpha_1 \text{distk}_{it} + \alpha_2 + \beta_1 \text{se}_{it} + \beta_2 \text{rd} + \beta_3 \ln k/l_{it} + \beta_4 \ln m/l_{it} \\ + \beta_5 \ln tfp_{it} + \gamma \cdot C + v_i + \zeta_{it} \tag{5-9}$$

(5-9) 式中各变量含义同上面。

5.5.1 初步检验结果与分析

表 5-11 报告了资本市场配置扭曲对我国制造业出口品质的估计结果。其中,第 (1)、第 (2) 列单纯检验了资本市场配置扭曲及其二次项对我国制造业出口品质的影响,第 (1) 列是在纳入控制变量并且没有控制行业固定效应情形下的检验结果,第 (2) 列是在第 (1) 列基础上控制行业固定效应后的检验结果。我们发现,不管是否控制行业固定效应,资本市场配置扭曲系数均显著为负 (数值较小),二次项系数均显著为正 (数值较小)。在不考虑其他关键解释变量和控制变量前提下,据此我们得出的初步结论是:资本市场配置扭曲会显著抑制我国制

造业出口品质升级,但这种抑制程度较轻,并且这种影响具有显著的非线性特征。第(3)列是在第(1)、(2)列基础上纳入关键解释变量后的估计结果,我们发现资本市场配置扭曲系数显著为正。这表明,在考虑关键解释变量后,资本市场配置扭曲会促进出口品质升级。在纳入控制变量后,估计结果基本不变(如第4列所示)。

表5-11　资本市场配置扭曲对我国制造业出口品质的初步估计结果

	(1)	(2)	(3)	(4)
distk	-0.081*** (-3.47)	-0.087*** (-5.83)	0.118*** (7.56)	0.115*** (7.31)
$(distk)^2$	0.035*** (3.29)	0.043*** (4.64)	-0.077*** (-3.94)	-0.094*** (-4.84)
se			-0.017*** (-4.35)	-0.016*** (-4.29)
rd			0.088* (1.93)	0.027 (0.56)
lnk/l			0.012*** (10.98)	0.029*** (22.23)
lnm/l			-0.024*** (-25.09)	-0.028*** (-27.44)
lntfp			-0.033*** (-12.36)	-0.032*** (-11.91)
常数项	0.369*** (512.68)	0.359*** (562.18)	0.424*** (89.80)	0.591*** (62.53)
控制变量	否	否	否	是
行业固定效应	不控制	控制	控制	控制
样本量	182887	182887	79105	70251
R^2	0.1102	0.1008	0.1059	0.1266

注:*、**、***分别表示在10%、5%、1%的统计水平显著。

由于上述检验是大样本检验,并没有考虑资本投入份额以及资本市场配置扭曲度的影响。因此这个估计结果还是比较粗糙的,我们接下来将会基于理论假设结论开展稳健性检验。

5.5.2 考虑资本投入份额和资本扭曲度情形下的估计结果

为了细致考察资本投入份额和资本扭曲度对我国制造业出口品质的影响,我们分6种情形分别进行讨论,各种情形下的估计结果分别报告在表5-12各列中。表5-12第(1)、(2)列分别是在资本投入份额较低(低于中位数,此时blnk<0)时的估计结果,其中,第(1)列是资本市场配置扭曲度较低时的情形(此时资本市场配置扭曲度低于中位数,即distk<38),第(2)列是资本市场配置扭曲度较高时的情形(此时资本市场配置扭曲度高于中位数,即distk>38),第(3)、第(4)列是资本投入份额较高时(高于中位数,此时blnk>0)的情形,第(5)、第(6)列是资本投入份额很高时(高于75百分位数,此时blnk>0.18)。

表5-12　控制资本投入份额和资本扭曲度情形下的估计结果

变量	(1) blnk<0 & distk<38	(2) blnk<0 & distk>38	(3) blnk>0 & distk<38	(4) blnk>0 & distk>38	(5) blnk>0.18 & distk<38	(6) blnk>0.18 & distk>38
distk	0.02*** (3.78)	0.04 (1.29)	0.03*** (4.48)	0.001 (2.15)	0.002*** (2.77)	-0.04** (-2.03)
(distk)^2	-0.038*** (-2.89)	-0.070 (-1.39)	-0.033*** (-2.66)	-0.038*** (-2.89)	-0.019 (-1.16)	-0.057 (-0.88)
distk_blnk	-0.022 (1.51)	-0.041 (-1.08)	-0.094 (-0.16)	-0.065 (-1.38)	-0.015 (-0.21)	-0.014 (-0.45)
se	-0.050*** (-4.02)	-0.038** (-1.95)	-0.007 (-1.35)	0.008 (0.50)	0.054*** (3.60)	0.008 (0.49)
rd	0.001 (1.32)	-0.001 (-1.04)	0.001 (1.33)	-0.001 (-1.39)	0.0005 (0.38)	-0.0005 (-0.38)
lnk/l	0.029*** (9.29)	0.035*** (8.44)	0.030*** (10.00)	0.024*** (6.49)	0.029*** (7.62)	0.035*** (6.42)
lnm/l	-0.024*** (-10.54)	-0.032*** (-10.18)	-0.030*** (-13.27)	-0.022*** (-7.53)	-0.029*** (-9.83)	-0.031*** (-7.35)
lntfp	-0.044*** (-5.04)	-0.047*** (-6.18)	-0.068*** (-8.94)	-0.020*** (-2.69)	-0.064*** (-7.44)	-0.040*** (-4.05)

续表

变量	(1) blnk<0 & distk<38	(2) blnk<0 & distk>38	(3) blnk>0 & distk<38	(4) blnk>0 & distk>38	(5) blnk>0.18 & distk<38	(6) blnk>0.18 & distk>38
常数项	0.549*** (19.49)	0.557*** (21.52)	0.538*** (23.38)	0.558*** (25.65)	0.563*** (18.01)	0.641*** (20.32)
控制变量	是	是	是	是	是	是
样本量	15101	10149	17742	12725	11005	7191
R^2	0.1417	0.1199	0.1293	0.1179	0.1269	0.1153

注：*、**、*** 分别表示在10%、5%、1%的统计水平显著。

根据资本市场配置扭曲的系数以及它与资本投入份额交互项的系数，我们发现：在资本投入份额处在各个水平上时，资本市场配置扭曲系数符号及显著性并不统一。在资本投入份额低于中位数水平时，当资本扭曲较轻时其系数显著为正，而当资本扭曲较重时其系数虽为正但不显著；在资本投入份额高于中位数时，资本市场配置扭曲系数与其低于中位数情形一致；当资本投入份额高于75百分位情形下，资本市场配置扭曲较轻时，资本扭曲系数显著为正，但当资本市场配置扭曲较重时，资本扭曲系数显著为负。这个估计结果表明，资本市场配置扭曲对我国制造业出口品质的影响受到资本投入份额和资本市场配置扭曲程度的双重制约，从而验证了上文的理论假设。为了得到资本市场配置扭曲对出口品质稳健的、一致的估计结果，下面我们分别按照出口产品要素密集度、企业所有制属性进行分组检验。

1. 基于出口产品要素密集程度分组估计结果

我们基于我国出口产品中各要素投入比例把研究样本分为资本密集型产品组、劳动密集型产品组和技术密集型产品组三组[①]。表5－13报告了对应的回归结果。

---

① 借鉴鲁桐、党印（2014）的做法，我们把资本与劳动力投入比例高于中位数的出口产品视为资本密集型产品（lnk/l>5.2），把资本与劳动力投入比例低于中位数的出口产品视为劳动密集型产品（lnk/l<5.2），把中间品与劳动力投入比例高于中位数的出口产品视为技术密集型产品（lnm/l>4.95）。

第5章 要素市场配置扭曲对中国制造业出口品质升级影响的实证分析

表5-13 资本扭曲对不同要素密集度制造业出口品质估计结果

变量	资本密集型产品 lnk/l > 3.6, distk < 40	资本密集型产品 lnk/l > 4.5, distk < 40	劳动密集型产品 lnk/l < 3.6, distk < 40	劳动密集型产品 lnk/l < 3.6, 40 < distk < 84	劳动密集型产品 lnk/l < 3.6, distk > 84	技术密集型产品 lnm/l > 5.1, distk < 40	技术密集型产品 lnm/l > 5.1, 40 < distk < 84	技术密集型产品 lnm/l > 5.1, distk > 84
distk	-0.012** (-3.55)	-0.015*** (-3.04)	-0.02** (-2.30)	0.010* (1.94)	-0.051** (-2.28)	-0.080* (-1.66)	-0.021*** (-3.34)	-0.062*** (-4.20)
distk²	0.029*** (2.83)	0.065*** (6.32)	0.052*** (3.33)	0.195*** (2.90)	0.030*** (2.97)	0.015*** (2.99)	0.020*** (4.05)	0.021 (0.38)
distk × lntfp	-0.08*** (-5.30)	-0.03*** (-9.21)	-0.05*** (-6.39)	-0.02*** (-3.38)	-0.03*** (-4.30)	-0.04*** (-5.44)	-0.006*** (-3.24)	-0.01*** (-3.45)
distk × lnk/l	0.011*** (6.39)	0.013*** (9.74)	0.04*** (5.21)	0.006*** (5.20)	0.01*** (7.39)	0.13*** (4.20)	0.07*** (5.23)	0.09*** (4.23)
distk × lnm/l	-0.01*** (-5.30)	-0.01*** (-3.39)	-0.15*** (-4.20)	-0.13*** (-5.38)	-0.12*** (-2.99)	-0.11*** (-4.95)	-0.09*** (-6.69)	-0.03*** (-4.42)
控制变量	是	是	是	是	是	是	是	是
常数项	-1.02*** (-17.96)	-0.88*** (-14.24)	-1.22*** (-20.38)	-2.94*** (-9.03)	-0.34*** (-6.65)	-2.10*** (-10.32)	-0.76*** (-5.02)	0.32*** (3.29)

续表

变量	资本密集型产品 lnk/l<3.6 distk<40	资本密集型产品 lnk/l>4.5 distk<40	劳动密集型产品 lnk/l<3.6 distk<40	劳动密集型产品 lnk/l<3.6 40<distk<84	劳动密集型产品 lnk/l<3.6 distk>84	技术密集型产品 lnm/l>5.1 distk<40	技术密集型产品 lnm/l>5.1 40<distk<84	技术密集型产品 lnm/l>5.1 distk>84
行业效应	控制	控制	控制	控制	控制	控制	控制	控制
年份效应	控制	控制	控制	控制	控制	控制	控制	控制
R^2	0.12	0.11	0.13	0.13	0.14	0.15	0.13	0.10
样本量	58329	40294	25395	68043	30054	3560	92485	2642

注：1. lnk/l<3.6 是资本投入强度低于中位数的水平，lnk/l>3.6 是资本投入强度高于中位数的水平；lnk/l>4.5 是资本投入强度高于75%百分位数的水平；distk<40 是资本投入强度低于中位数75%百分位的水平；lnm/l>5.1 是进口中间品投入强度高于中位数时的水平。*、**、*** 分别表示在10%、5%、1%的统计水平显著。

2. *、**、*** 分别表示在10%、5%、1%的统计水平显著。

我们首先来看资本密集型产品组的估计结果（表5-13第1、第2列所示）。其中，第1、2列分别是资本要素投入高于中位数、高于75百分位数时的估计结果。估计结果表明：在两种情形下，资本市场配置扭曲系数均显著为负；在资本投入强度更高时，扭曲系数绝对值更大。这个估计结果意味着，资本市场配置扭曲显著降低了我国资本要素密集型制造业出口品质，并且随着资本投入强度的增加，这种抑制程度也在加强。

接着看劳动密集型产品组的估计结果（表5-13第3、第4、第5列所示）。其中，第3、第4、第5列分别是在资本市场配置扭曲度不断增大情形下的估计结果。根据该估计结果容易发现：资本市场配置扭曲系数在其扭曲程度不同时系数符号发生了一些变化，即在扭曲程度较小时（小于中位数）系数为负值，在扭曲程度变大后（大于中位数）系数变为正值，而在扭曲程度继续增大时（大于75百分位数）系数又变为负值。这表明，资本市场配置扭曲对劳动密集型制造业出口品质的影响存在非线性变化，当扭曲偏低或偏高时它都不利于出口品质升级，而只有当资本市场配置扭曲程度比较适中时，它才能显著帮助提高我国劳动密集型制造业出口品质水平。这个估计结果验证了本书第3章关于资本市场配置扭曲对出口品质影响的理论假设。

我们再来看技术密集型产品组的估计结果（如表5-13第6、第7、第8列所示），其中，第6、第7、第8列资本市场配置扭曲度在不断增加。根据估计结果容易看出：虽然在三个模型中资本市场配置扭曲系数均显著为负，但在资本市场配置扭曲度处于中间状态时（即 $40 < distk < 84$ 时），其系数绝对值远小于另外两种情形。这意味着，在技术密集型产品组，资本市场配置扭曲对制造业出口品质升级的影响也是非线性的。如果资本市场配置扭曲度处在两个极端状态（即 $distk < 40$ 情形和 $distk > 84$ 情形），它就会显著降低我国技术密集型制造业出口品质；只有在资本市场配置扭曲处在中间一个状态时它对技术密集型制造业出口品质的阻碍作用才会明显变弱，从而再次验证了理论假设。

2. 基于企业所有制属性分组估计结果

我国不同所有制企业资本价格存在明显差异是一个不争的事实，比如国有企业和民营企业的资本价格就存在较大的差异。因此，我们认为，按企业所有制属性进行分组考察有助于考察资本市场配置扭曲对制造业出口品质影响的所有制差异。基于研究需要，我们把我国制造业企业分为两大类：国有企业和非国有企业，其中国有企业又可细分为国有独资企业、国家控股企业，而非国有企业又细分为民营企业和外资企业四大类①，对应的估计结果分别报告在表 5-14 和表 5-15 中。

表 5-14　资本市场配置扭曲对国有企业制造业出口品质估计结果

变量	国有独资		国家控股	
	blnk < 0	blnk > 0	blnk < 0	blnk > 0
distk	-0.06 *** (-2.56)	-0.05 *** (-2.56)	-0.02 *** (-4.28)	0.03 *** (4.11)
$distk^2$	0.03 (1.30)	0.06 *** (3.89)	0.03 *** (15.90)	0.04 *** (14.53)
distk × lntfp	-0.02 *** (-2.70)	-0.06 *** (-2.77)	-0.03 *** (-11.83)	-0.05 *** (-10.34)
distk × lnk/l	0.03 *** (4.23)	0.02 *** (4.16)	0.02 *** (22.67)	0.03 *** (19.14)
distk × lnm/l	-0.02 *** (-3.78)	0.03 *** (-3.79)	-0.02 *** (-22.78)	-0.04 *** (-13.71)
控制变量	是	是	是	是
常数项	-2.14 *** (-9.76)	-1.19 *** (-7.09)	-0.27 *** (-6.30)	-3.26 *** (-7.39)
行业效应	控制	控制	控制	控制
年份效应	控制	控制	控制	控制
R^2	0.1301	0.1233	0.1253	0.1102
样本量	972	1664	1460	2286

注：*、**、*** 分别表示在 10%、5%、1% 的统计水平显著。

---

① 根据研究的需要，我们把工业企业数据库中涉及的企业重新进行了分组，把法人企业和私有企业归为民营企业，把港澳台企业归为外资企业。此外，由于样本中集体所有制企业样本数量很少，我们并没有对其进行考察。

表 5-15　资本市场配置扭曲对非国有企业制造业出口品质估计结果

变量	民营企业 blnk<0	民营企业 blnk>0	外资企业 blnk<0	外资企业 blnk>0
distk	-0.03 (-0.45)	-0.01*** (-2.49)	-0.01 (-0.87)	-0.02*** (-2.91)
distk²	0.02*** (5.02)	0.04*** (6.77)	0.02*** (9.45)	0.03*** (9.15)
distk×lntfp	-0.02*** (-4.24)	-0.02*** (-6.21)	-0.02*** (-7.60)	-0.02*** (-6.46)
distk×lnk/l	0.02*** (5.23)	0.01*** (11.89)	0.02*** (14.02)	0.01*** (13.80)
distk×lnm/l	-0.02*** (-7.29)	-0.01*** (-11.80)	-0.02*** (-14.77)	-0.01*** (-12.71)
控制变量	是	是	是	是
常数项	-0.23*** (-8.09)	-0.63* (-1.70)	-7.19*** (-10.17)	-6.77*** (-8.60)
行业效应	控制	控制	控制	控制
年份效应	控制	控制	控制	控制
R^2	0.0988	0.0898	0.0932	0.0826
样本量	25494	45895	30117	41739

首先来看表 5-14 所示的对国有独资企业和国家控股企业的估计结果。总体来看，国有独资企业中资本扭曲系数均为负值并且绝对值要大于国家控股企业，并且国家控股企业在资本投入份额相对较高时资本扭曲系数还显著为正。这表明，当资本市场配置扭曲较重时（在国有独资企业）资本市场配置扭曲显著降低了我国制造业出口品质，并且这种阻碍作用还会受到资本投入份额的影响（如表 5-14 第 1、第 2 列所示，在国有独资企业，当资本投入份额较高时，资本扭曲系数绝对值显著变大）；而在国家控股企业，当资本投入份额过低时，资本市场配置扭曲显著抑制了出口品质升级，而当资本投入份额达到一定程度后，资本市场配置扭曲就能显著促进出口品质升级（但系数很小）。我们对这个估

计结果给出如下经济学解释：资本市场配置扭曲对出口品质升级的影响既与资本市场配置扭曲度有关，同时它也与资本投入份额有直接关系，资本投入份额过低或过高都会抑制出口品质升级，只有相对"适中"的资本投入份额才会在一定程度上促进出口品质升级。显然，表5-14的估计结果验证了上面的理论分析结论。

下面我们再来看针对民营企业和外资企业的估计结果（见表5-15）。我们先来看民营企业的估计结果，容易发现：在企业资本投入份额低于中位数时，资本扭曲系数虽为负值但并不显著（在民营企业和外资企业均如此）；而当资本投入份额高于中位数时，资本扭曲系数显著为负值。根据这个估计结果，我们得出的结论是：资本市场配置扭曲对非国有企业制造业出口品质的影响受到资本投入份额的影响，即只有当企业资本投入份额相对较高时，资本市场配置扭曲才会显著促进出口品质升级；而当资本投入份额较低时，我们并没有找到资本市场配置扭曲会抑制出口品质升级的经验证据。

表5-15后2列是外资企业资本市场配置扭曲对其制造业出口品质影响估计结果。我们发现，该估计结果与在民营企业组一致，从而再次验证了上述结论。

5.5.3 内生性处理

变量的内生性问题是严谨的实证分析必须认真考虑的问题。资本市场配置扭曲对制造业出口品质影响的实证模型有可能存在内生性，即资本市场配置扭曲变量有可能是内生变量。从解释变量和被解释变量的互为因果关系这个角度看，制造业出口品质作为被解释变量，从理论上讲，它很难影响到资本市场配置扭曲。因为资本市场配置扭曲可被视为一种外生的制度因素。所以从被解释变量与解释变量之间的因果关系角度看，本模型不太可能存在内生性问题。但如果构建模型中遗漏了重要的解释变量，也可能会产生内生性问题。因此，我们认为有必要进行内生性检验与处理。

进行内生性检验时，工具变量的选取是一个重要内容。对此，我们参照勒贝尔（Lewbel，1997）的做法得到资本市场配置扭曲的工具变量：$distkiv_{it} = (distk_{it} - distkmean_{it})^3$。本式中，distkiv指的是资本市场配置扭曲的工具变量,而 distkmean 指的是资本市场配置扭曲的均值。表 5-16 报告了内生性检验及对应的估计结果。

表 5-16　　　　　　　　内生性处理结果

变量	(1)	(2)	(3)	(4)
distk	-0.01 *** (-2.78)	-0.02 *** (-2.85)	-0.04 *** (-3.34)	-0.06 *** (-3.81)
distk^2	0.02 *** (15.14)	0.05 *** (17.90)	0.03 *** (14.27)	0.04 *** (3.49)
distk × lntfp	-0.02 *** (-14.12)	-0.07 *** (-15.26)	-0.23 *** (-13.91)	-0.32 *** (-2.70)
distk × lnk/l	0.17 *** (25.82)	0.04 *** (16.39)	0.02 *** (19.04)	0.12 *** (4.23)
distk × lnm/l	-0.16 *** (-28.18)	-0.04 *** (-19.38)	-0.02 *** (-20.48)	-0.04 *** (-3.78)
控制变量	是	是	是	是
常数项	-3.97 *** (-14.73)	-2.82 *** (-9.84)	-5.01 *** (-20.08)	-6.52 *** (-7.12)
行业效应	控制	控制	不控制	控制
年份效应	控制	控制	不控制	控制
Hausman P Value			50.02 (0.03)	58.93 (0.07)
Sargan P Value			18.99 (0.10)	51.93 (0.12)
Anderson P Value			102.92 (0.00)	139.02 (0.00)
R^2	0.1120	0.1146	0.1291	0.1068
样本量	91293	91368	90973	7683

注:*、**、*** 分别表示在 10%、5%、1% 的统计水平显著。

我们首先看内生性存在性检验结果。Hausman Test 检验结果表明,无论是否控制年份效应和行业效应，Hausman 检验均拒绝不存在内生性的原假设。这表明关于资本市场配置扭曲的计量模型确实存在内生性问题。我们再来看过度识别检验和弱识别检验结果。Sargan Test 检验结果及 P 值均接受存在过度识别的原假设，这说明我们所选取的工具变量是外生的。Anderson Test 检验结果及 P 值也显著拒绝了原假设（原假设为：工具变量与内生变量具有弱相关性），这说明工具变量与内生变量存在强相关性。由此看来，我们所选取的资本市场配置扭曲的工具变量是合理的。

为了便于比较内生性处理前后各变量系数是否发生明显的变动，我们首先使用最小二乘法进行估计（表 5-16 前 2 列所示），表 5-16 后 2 列是内生性处理后的估计结果。很容易发现，在处理内生性问题后，资本市场配置扭曲变量的系数虽仍显著为负，但其绝对值明显比内生性处理前变大了。这表明，上面关于资本市场配置扭曲对我国制造业出口品质的大样本估计结果被低估。换句话说，处理内生性问题后，资本市场配置扭曲对制造业出口品质升级的抑制作用加深了，其他变量在内生性处理前后虽发生一些变化，但其系数符号均未发生变化。

5.6 进口中间品市场配置扭曲的分样本检验

由于考虑到国内生产的中间品价格并没有直接数据，工业企业数据库里面也没有对中间品进行必要的分类。鉴于此，我们本节只考察进口中间品市场配置扭曲对我国制造业出口品质升级的影响[①]。根据 UN Comtrade 数据库（Rev. 2002）可知，自"入世"以来，我国进口中间品获得了迅猛的增长（2009 年受金融危机的冲击，进口中间品金额出现了明显的下降）。本书所用的进口中间品数据来源于 2000~2007 年的中国海关企业统计数据库，中间品分类方法采用联合国的 BEC 分类定义。

根据中国海关企业统计数据库，我国中间品进口涉及制造业 14 大

---

① 根据联合国 BEC 分类可知，111、121、21、22、31、322、42 及 53 项下的产品类别为中间品，而联合国也提供了关于 BEC 产品与 HS 6 位码（Rev. 2002）的匹配方法。

第5章　要素市场配置扭曲对中国制造业出口品质升级影响的实证分析

行业①。这14大行业涉及的中间品既有燃料、基础性生产资料等初级产品，也有皮革、毛皮等低附加值产品，还包括电器、设备等高附加值产品。不同类别的中间品其附加值存在较明显的差异，这可能会导致其进口配置扭曲度也差异较大（施炳展、冼国明，2012）。附加值较高的中间品其价格存在正向扭曲的可能性较大，而附加值较低的中间品其价格存在负向扭曲的可能性较大（施炳展、冼国明，2012）。

对于低附加值中间品（如能源、原材料、初级中间品及低附加值加工品等），其价格的负向扭曲可能会引发企业规模效应和要素错配效应。如果规模经济效应大于要素错配效应，则扭曲有助于出口品质升级；如果规模经济效应小于要素错配效应，则它会抑制出口品质升级。

对于高附加值中间品（主要包括资本性中间品、技术密集型零部件等）而言，发达国家为了保持其市场垄断力获取垄断利润，往往高估其价格②。附加值越高的中间品其配置正向扭曲一般越大（冼国明、程娅昊，2013）；而同时附加值越高的中间品对最终出口品质的贡献也越大。

图5-1给出了低附加值进口中间品和高附加值进口中间品的配置扭曲状况。根据图5-1容易看出，低附加值进口中间品存在配置负向扭曲，并且其配置负向扭曲度在逐年缓慢增大，而高附加值进口中间品存在配置正向扭曲，并且其正向扭曲程度在逐年增大。

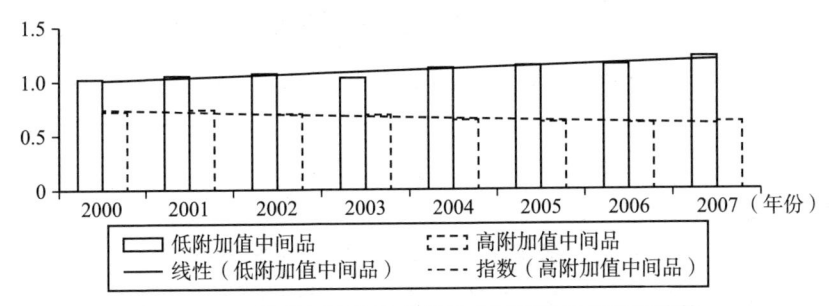

图5-1　不同附加值进口中间品市场配置扭曲变化趋势

---

① 这14大行业分别是：食品、饮料制造及烟草业、纺织及服装制造业、皮革、毛皮及鞋类制品业、木材加工及木制品业、造纸、印刷和记录媒介的复制、石油加工、炼焦及核燃料加工业、化学燃料及化学制品业、橡胶及塑料制品业、非金属矿物制品业、金属制品业、机械制造业、电器及电子机械器材业、交通运输设备业、其他制造业及废料回收加工业。

② 生产高附加值的厂商往往基于中间品附加值的高低，给予不同的成本加成。一般而言，附加值越高，则其价格加成比例越高，正向扭曲越大。高附加值中间品的正向扭曲不会引起产品生产规模的剧烈变化，它一般不存在规模经济效应。

根据上述理论分析，可以构建如下计量模型：
$$quality_{it} = + \alpha_1 distm_{it} + \alpha_2 (distm_{it})^2 + \beta_1 distm_{it} \cdot se_{it} + \beta_2 distm_{it} \cdot lnk/l_{it}$$
$$+ \beta_3 rd_{it} + \beta_4 hum_{it} + \beta_5 lnk/l_{it} + \beta_6 size_{it} + v_i + \zeta_{it} \quad (5-10)$$

（5-10）式中，$distm$、$(distm)^2$ 分别表示进口中间品的配置扭曲和其二次项。控制变量组包括规模经济、资本与劳动力配置比例、研发、人力资本与企业规模。其中，hum 表示企业人力资本，用企业职工平均受教育年限的对数测度；se 表示企业规模指数，其他各变量含义与前文保持一致。我们借鉴陈林、刘小玄（2015）构造的规模经济指数（se = AC/MC，即规模经济指数等于平均成本与边际成本之比）来测度企业的规模经济程度。在测度规模经济指数时，首先需要确定成本函数。结合本书研究需要，我们在三种要素投入和两种产出情形下构建的超越对数成本函数为：

$$lnTC = \alpha_0 + \sum_{i=1}^{2} \alpha_i lnq_i + \sum_{\beta=1}^{3} \beta_j lnp_i + \frac{1}{2} \sum_{n=1}^{3} \sum_{j=1}^{3} \beta_{nj} lnp_n lnp_j$$
$$+ \frac{1}{2} \sum_{i=1}^{2} \sum_{k=1}^{2} \alpha_k lnq_i lnq_k + \sum_{i=1}^{2} \sum_{j=1}^{3} \gamma_{ij} lnq_i lnp_j + \xi \quad (5-11)$$

其中，p_j 表示第 j 种要素的价格，q_i 表示第 i 种产出。

因此，规模经济指数可表示为：

$$se = \frac{AC}{MC} = \frac{\partial lnTC}{\partial lnq} = \alpha_1 + \alpha_2 + (\alpha_{11} + \alpha_{12}) lnq_1 + (\alpha_{12} + \alpha_{22}) lnq_2$$
$$+ (\gamma_{11} + \gamma_{21}) lnp_1 + (\gamma_{12} + \gamma_{22}) lnp_2 + (\gamma_{13} + \gamma_{23}) lnp_3$$
$$(5-12)$$

对模型（5-12）进行回归，所得系数代入（5-11）式，即可得到企业的规模经济指数。

由于进口中间品分类指标是联合国 BEC 分类指标，进口中间品数据与制造业出口品质测度数据主要来自海关数据库，而企业相关指标数据则大多来自工业企业数据库。因此，在实证分析之前，首先需要将 BEC 分类与海关企业数据库中的 HS6 位码进行匹配，将进口中间品识别出来，然后需要对上述工业企业数据库与海关数据库进行匹配。我们匹配的基本思路是：首先，匹配 BEC 分类与海关数据库中的 HS6 位码，识别进口中间品。其次，把上述匹配后的月度层面的 HS6 位码数据加总到年度层面，然后按照关键词"企业名称"匹配海关数据库和工业企业数据库，对于不能按照企业名称匹配的剩余样本，按照余淼杰

(2013) 的做法，按照电话号码和邮政编码进行匹配。匹配下来之后，一共得到143853个样本信息。

5.6.1 大样本检验

表5-17报告了进口中间品市场配置扭曲对制造业出口品质的大样本回归结果。根据Hausman检验结果，均采用固定效应进行回归。根据表5-17，我们发现，在任何一个模型中，进口中间品市场配置扭曲系数虽为正但均不显著。这个估计结果意味着，进口中间品市场配置扭曲并没有对我国制造业出口品质升级产生显著的促进作用。对此估计结果，我们给出的解释是：这很可能与没有区分不同附加值进口中间品的配置扭曲导致，而我国进口中间品既包括低附加值中间品，也包括附加值较高的中间品，如果不对这两类中间品进行分类，就很可能会得不到显著的估计结果。因此在后文中我们将根据进口中间品市场配置扭曲方向重新进行检验。再来看扭曲的二次项系数，我们发现扭曲二次项系数均显著为负。这表明，进口中间品市场配置扭曲对制造业出口品质升级存在非线性影响。为了检验中间品市场配置扭曲的企业规模经济效应和要素配置效应，我们在模型中（2）（3）（4）中加入了进口中间品与企业规模经济指数的交互项以及进口中间品与要素配置比例变量的交互项。其中模型（2）未纳入控制变量，模型（3）和模型（4）纳入了控制变量。结果发现，在纳入控制变量后，扭曲与企业规模经济指数交互项系数显著为负，扭曲与要素配置交互项系数显著为正。这个估计结果表明，进口中间品市场配置扭曲存在显著的企业规模效应和要素配置效应：扭曲与企业规模经济指数的组合不利于出口品质升级，而扭曲与要素配置比例的组合则会有助于促进出口品质升级。对此估计结果，我们认为可能的原因是：我们样本企业都是国有企业或规模以上民营企业，企业规模虽大但可能并没有实现规模经济，于是扭曲与企业规模不经济的共存会显著抑制出口品质升级。关于扭曲与要素配置比例的交互项系数显著为正，我们认为，这可能是因为中间品市场配置扭曲的存在有助于优化要素投入比例，从而提高了出口品质。

表5-17 进口中间品市场配置扭曲对制造业出口品质大样本估计结果

变量	(1) FE	(2)	(3)	(4)
distm	0.101 (1.036)	0.104 (0.637)	0.084 (1.413)	0.084 (1.413)
$distm^2$	-0.102*** (-4.343)	-0.086* (-1.639)	-0.081*** (-5.343)	-0.082*** (-5.343)
$distm \times se$		0.021*** (4.46)	-0.020*** (-3.21)	-0.018*** (-3.32)
$distm \times lnk/l$		-0.014*** (-2.91)	0.019*** (5.02)	0.021*** (4.46)
rd			0.060 (1.118)	0.063 (0.938)
hum			0.006** (3.204)	0.005** (2.627)
lnk/l			0.041*** (2.745)	0.028*** (3.284)
size			0.017 (0.733)	0.012 (1.023)
常数项	-1.294*** (-102.132)	3.002*** (68.011)	-0.102*** (-3.029)	3.002*** (3.295)
行业效应	控制	控制	不控制	控制
年份效应	控制	控制	不控制	控制
N	143853	143853	113853	113853
R^2	0.0813	0.1120	0.1324	0.1335

注：*、**、***分别表示在10%、5%、1%的统计水平显著。

在控制变量层面。企业研发系数为正但不显著，我们认为这可能与我国企业当前研发水平不高有关，较低的研发水平仍无法有效显著促进出口品质升级。资本与劳动力配置比例系数显著为正，人力资本系数显著为正。这表明，资本与劳动力的有效配置能够促进出口品质升级，人力资本水平的提高也有助于出口品质的改善。企业规模系数不显著。这表明,企业规模与出口品质之间并没有必然关系。

5.6.2 分组检验

1. 基于附加值和来源地分组

表 5-18 给出了基于附加值和来源地分组的进口中间品市场配置扭曲对我国制造业出口品质的估计结果。表 5-18 第(1)、第(2)列分别是基于低附加值进口中间品和高附加值进口中间品市场配置扭曲的估计结果,根据本表容易发现,低附加值进口中间品市场配置扭曲系数为 -0.166 并且高度显著,而高附加值进口中间品市场配置扭曲系数为 0.146 并且显著为正。该估计结果表明,低附加值进口中间品市场配置扭曲显著降低了我国制造业出口品质,高附加值进口中间品市场配置扭曲显著促进了我国制造业出口品质升级。

表 5-18   进口中间品市场配置扭曲对制造业出口品质的分样本检验结果一

变量	低附加值组	高附加值组	欧美组	港澳台组
distm	-0.166 *** (-5.77)	0.146 *** (4.02)	0.113 *** (4.20)	0.076 (1.25)
distm^2	0.034 (0.32)	-0.010 (-1.23)	-0.004 (-0.34)	0.003 (0.26)
distm × se	-0.025 *** (-3.40)	0.038 *** (2.99)	0.042 *** (4.27)	0.041 ** (3.29)
distm × lnk/l	-0.090 (-1.64)	0.022 (0.57)	0.052 (1.12)	-0.056 (-1.45)
控制变量	是	是	是	是
行业效应	控制	控制	控制	控制
常数项	-0.77 *** (-9.79)	0.82 *** (6.02)	-2.60 *** (-9.08)	-0.37 *** (-8.34)
样本量	56938	80193	75724	30194
调整的 R^2	0.1117	0.1401	0.1821	0.1642

注:*、**、*** 分别表示在 10%、5%、1% 的统计水平显著。

根据表5-18前两列我们还发现，在进口中间品附加值较低时，它与企业规模指数的交互项系数显著为负值，但它与资本配置强度的交互项系数却不显著。对此，我们给出的解释是，当中间品存在配置负向扭曲时，往往会刺激企业扩大规模，但容易产生规模不经济，这会降低出口品质水平；由于中间品市场配置扭曲并不会改变资本与劳动力要素之间的配置比例，因此导致两者的交互项系数不显著。表5-18第2列中，中间品市场配置扭曲与企业规模指数及它与资本配置强度的交互项系数均为正，但前者通过显著性检验，后者并不显著。对此，我们给出的解释是，高附加值中间品进口不会引起企业盲目扩大规模，相反它容易帮助企业实现规模经济，于是，高附加值进口中间品与企业规模经济的组合会显著促进我国制造业出口品质升级。由于高附加值中间品配置正向扭曲仍不会改变资本与劳动力的配置比例，因此导致高附加值中间品市场配置扭曲与资本配置强度交互项系数不显著。

表5-18后两列报告了按照中间品进口来源地的分组估计结果。容易看出，在欧美组，中间品市场配置扭曲系数显著为正值；而在港澳台组，中间品市场配置扭曲系数虽为正值但并不显著。这说明，来自欧美地区的中间品市场配置扭曲能够显著刺激我国制造业出口品质升级，而来自港澳台地区的中间品市场配置扭曲却不能。对此，我们认为其原因是很容易解释的：欧美发达国家的中间品普遍附加值较高，其正向配置扭曲恰好代表其较高的附加值和技术含量，因此其配置扭曲就能显著带动我国制造业出口品质升级；而港澳台地区的中间品附加值不如欧美地区高，其配置正向扭曲程度可能较轻，因此它并不能显著刺激内地制造业出口品质升级。关于欧美组和港澳台组中间品市场配置扭曲交互项系数，我们发现，欧美组与高附加值组类似，而港澳台组则与低附加值组类似，在此不再赘述。

2. 不同要素密集度分组

需要指出的是，上述实证分析并没有充分考虑我国出口产品的要素密集度。从理论上讲，中间品的配置扭曲对不同要素密集型制造业出口品质的影响会存在一些差异。为了检验此假设，我们分别考察了不同附加值的进口中间品市场配置扭曲对劳动密集型、资本密集型和技术密集型制造业出口品质升级的影响，对应的估计结果如表5-19所示。

表5-19 进口中间品市场配置扭曲对制造业出口品质的分样本检验结果二

变量	低附加值中间品市场配置扭曲			高附加值中间品市场配置扭曲		
	劳动密集型	资本密集型	技术密集型	劳动密集型	资本密集型	技术密集型
distm	-0.013 (-1.14)	-0.025*** (-3.32)	-0.022*** (-4.39)	0.014*** (7.29)	0.026*** (4.20)	0.028*** (5.38)
$(distm)^2$	0.037 (1.09)	-0.026 (-1.30)	-0.005 (-0.72)	0.015 (1.29)	-0.043 (-1.02)	-0.052 (-1.28)
distm×se	-0.006*** (-2.37)	-0.015** (-2.12)	-0.008*** (-3.77)	0.018*** (2.94)	0.044*** (4.22)	0.042** (3.03)
distm×lnk/l	-0.079 (-1.20)	-0.064 (-1.59)	-0.042 (-1.20)	-0.056 (-1.00)	0.028 (1.03)	0.054 (0.84)
控制变量	是	是	是	是	是	是
行业效应	控制	控制	控制	控制	控制	控制
常数项	0.124*** (5.22)	-0.39*** (-7.94)	-0.43*** (-3.22)	-0.93** (-4.12)	-1.15*** (-5.32)	0.15*** (4.32)
样本量	40285	30241	10835	20049	22942	8845
R^2	0.06	0.04	0.07	0.05	0.04	0.06

注：本表的分组估计是基于低附加值中间品存在配置负向扭曲而高附加值进口中间品存在配置正向扭曲这一理论假设而开展的（冼国明、程娅昊，2013）。*、**、*** 分别表示在10%、5%、1%的统计水平显著。

首先分析表5-19前三列的估计结果（即低附加值中间品市场配置扭曲的情形）。先看中间品市场配置扭曲系数，我们发现，在劳动密集型产品组，该系数虽为负但不显著；而在资本和技术密集型产品组，其系数均显著为负。这说明，低附加值中间品市场配置扭曲对我国劳动密集型出口品质升级并不会产生显著的阻碍作用，但它对资本及技术密集型出口品质升级却存在显著的抑制作用。对此估计结果，我们给出如下经济学解释：我国劳动密集型产品普遍附加值较低，因此进口的低附加值中间品的大量投入并不会带来其出口品质的显著下降。而对于资本、技术密集型产品而言，其质量高低主要就取决于中间产品的质量和附加值水平。因此，低附加值中间品的大量投入肯定会显著降低这两类产品的质量水平。中间品市场配置扭曲二次项系数均不显著，这说明中间品市场配置扭曲对出口品质的影响并不存在显著的非线性关系。我们还发现，中间品市场配置扭曲与企业规模指数的交互项系数在三个模型估计结果中均显著为负值，并且其系数绝对值均小于扭曲系数绝对值。对此估计结果，我们认为可能的原因是：低附加值中间品市场配置扭曲可能会给企业带来规模效应，规模的扩大可能会在一定程度上降低企业的生产成本并提升其实力，这使得企业有能力进行出口品质升级，但出口品质升级的幅度会小于扭曲对出口品质的抑制程度，因此导致交互项系数虽仍为负值但系数绝对值变小了。此外，中间品市场配置扭曲与资本配置强度交互项系数均不显著，我们认为其原因同表5-18，即中间品市场配置扭曲不会改变资本与劳动力要素投入的相对比例，因此该交互项系数并不显著。

再来分析高附加值中间品市场配置扭曲对我国各类要素密集型制造业出口品质的估计结果（见表5-19后三列）。容易看出，中间品市场配置扭曲系数在三种情形下均显著为正值，并且其系数在劳动密集型产品组最小，在资本密集型产品组较大，在技术密集型产品组系数最大。这个估计结果说明，高附加值中间品市场配置扭曲对各类要素密集型出口品质升级均有显著的推动作用，但它对劳动密集型出口品质刺激最轻，对资本密集型出口品质刺激次之，对技术密集型出口品质升级的刺激最为明显。对此，我们认为并不难理解，因为技术密集型出口产品大都是由很多附加值较高的中间品组合而成，如果中间品附加值和技术含量提高了，则技术密集型制造业出口品质升级会是非常明显的；资本密集型产品生产过程中对高附加值中间品的需求不如技术密集型产品多，因此，高附加值中间品市场配置扭曲对资本密集型出口品质升级的刺激稍轻一点；而劳动密集型产品更多的是依靠劳动力投入，高附加值中间品投入比例很低，所以高附加值中间品市场配置扭曲对劳动密集型出口品质的刺激很有限。

估计结果还发现，扭曲与企业规模指数的交互项系数均显著为正并且其数值大于扭曲系数，这说明在企业实现规模经济的情形下，高附加值中间品市场配置扭曲对我国制造业出口品质升级的刺激作用会更加明显。此外，扭曲与资本配置强度交互项系数仍不显著，原因与低附加值组类似，在此不再赘述。

5.7　本章小结

本章侧重考察了各要素市场配置扭曲对我国制造业出口品质升级的影响。首先，基于本书第 3 章的理论分析结论构建基准计量模型，对关键解释变量进行构造，并运用工业企业数据库与海关数据库的合并数据进行了实证分析。

我们首先进行了基准回归，基准回归结果表明：总体看，劳动力、资本和中间品要素市场配置扭曲会对我国制造业出口品质升级产生抑制作用，但这种抑制作用存在非线性特征。

为了检验第 3 章理论分析结论，得到稳健的估计结果，在基准回归结果基础上，我们分别对劳动力、资本和中间品市场配置扭曲对出口品质升级的影响进行了进一步的分样本检验。

其中，关于劳动力市场配置扭曲对出口品质升级的影响，我们与理论假设基本一致，分别从扭曲所引致的研发效应、生产率效应、规模效应、要素配置效应以及经验累积效应等几个角度展开实证检验。检验结果表明：劳动力市场配置扭曲存在显著的研发抑制效应，从而降低了企业制造业出口品质；劳动力市场配置扭曲对企业生产率存在"先抑制后促进"的非线性影响，从而导致扭曲对制造业出口品质也存在 U 型的影响趋势；劳动力市场配置扭曲会产生显著的企业规模效应，在企业存在规模经济效应前提下，劳动力市场配置扭曲能够显著提升出口品质，而当企业存在规模不经济时，劳动力市场配置扭曲则会降低制造业出口品质；劳动力市场配置扭曲会显著影响劳动力与资本等要素的配置比例（尤其是劳动密集型产品）。实证结果表明，劳动力市场配置扭曲会改善劳动力与资本要素的配置比例，恶化劳动力与中间品的配置比例，因此，扭曲会显著提升资本密集型出口品质同时降低技术密集型出口品质。研究还发现，劳动力市场配置扭曲还存在显著的劳动力经验累积效应，即扭曲会使劳动力的劳动熟练程度产生非线性影响，从而对制造业出口品质存在 N 型或 M 型影响。

在资本市场配置扭曲对制造业出口品质升级的实证检验时，我们首先按照第 3 章理论假设构建理论模型，侧重从资本投入份额和资本扭曲度两个层面进行经验考察。研究发现：资本市场配置扭曲在大多情况下会显著抑制我国制造业出口品质升级，但是在资本投入份额和资本市场配置扭曲度保持在一个合理的区间时，它对出口品质升级的抑制程度会很轻，甚至会促进出口品质升级。这个实证结果与理论分析结论基本保持一致，从而验证了第 3 章的理论假设。

在中间品市场配置扭曲对制造业出口品质升级的实证检验时，我们首先基于数据的可获得性，只实证考察了进口中间品市场配置扭曲对出口品质升级的影响。基于联合国数据库对中间品的定义，我们在实证检验时区分了进口中间品的配置扭曲方向（即配置正向扭曲和配置负向扭曲），分别从附加值和中间品来源地两个层面展开了稳健性检验。研究结果表明，存在配置正向扭曲的中间品大都是高附加值的中间品，其配置扭曲会显著促进我国制造业出口品质升级；存在配置负向扭曲的中间品大都是低附加值的中间品，其配置扭曲会显著抑制出口品质升级，从而得到了稳健的研究结论，这个研究结论与第 3 章理论假设也基本保持一致。

第6章 研究结论与政策含义

6.1 研究结论

本书系统并深入研究了要素市场配置对我国制造业出口品质升级的影响。要素市场配置扭曲是改革开放以来我国要素市场呈现出的典型特征。要素市场配置的扭曲对众多企业的生存与发展必然带来诸多影响,其中主要影响之一就是扭曲会降低企业的生产成本,提高出口产品的价格竞争优势,从而带动我国出口的长期高速增长。但是伴随着新常态时期的到来,劳动力等生产要素价格开始迅速上涨,传统依靠价格优势的出口模式不复存在,出口品质升级是众多出口企业必须面临并且亟须解决的一大问题。在这样的大背景下,本书把要素市场配置扭曲与制造业出口品质结合起来,分别从理论和实证两个层面侧重探讨要素市场配置扭曲对我国制造业出口品质的作用机制、约束条件以及实际作用方向和效果。

6.1.1 理论研究结论

我国劳动力、资本、中间品等要素市场均存在比较明显的配置扭曲,但是各要素市场配置扭曲程度和对制造业出口品质的影响机制和作用渠道等都可能会存在一些异质性。鉴于此,我们在理论分析时做了区分,分别探讨劳动力、资本及中间品市场配置扭曲对制造业出口品质升级的影响。

1. 影响机理分析结论

（1）劳动力市场配置扭曲对出口品质升级的影响渠道和机制。劳动力作为企业生产过程中投入的唯一活的要素，其配置扭曲具有自己的特点，综合起来看，劳动力市场配置扭曲会通过生产率、研发、要素配置、经验累积、企业规模等渠道对出口品质产生影响。

劳动力市场配置发生扭曲后（不考虑其他要素扭曲），会刺激企业扩大对劳动力的投入（主要是非熟练劳动力），从而扩大了企业规模。在这个过程中，企业生产投入要素的比例可能会发生变化，即劳动力与资本、中间投入品的投入比例可能会发生变化，从而会影响到各要素的配置效率进而对出口品质产生影响。一方面，企业规模的扩大可能会引发规模经济或规模不经济，规模经济或不经济的存在会对出口品质产生影响；另一方面，扭曲导致大量非熟练劳动力的引进在短期会降低企业生产效率和劳动的熟练程度，从而降低出口品质；但在中长期，非熟练劳动力逐渐转变成熟练劳动力时，企业生产率会显著提高，从而显著促进出口品质升级。此外，劳动力市场配置负向扭曲会打击研发人员的研发积极性，因此会通过减缓企业研发水平从而对出口品质升级产生不利影响。

综合上述分析，劳动力市场配置扭曲对出口品质的作用渠道是多方面的，有的渠道会抑制出口品质升级，有的渠道可能会刺激出口品质升级。因此，劳动力市场配置扭曲对出口品质的影响最终取决于各经济效应的综合作用，如果各抑制效应（如研发抑制、要素错配、生产率下降、规模不经济等）作用程度显著大于促进效应（如要素配置改善、规模经济等）的作用程度，则扭曲会间接抑制出口品质升级；反之，扭曲会刺激出口品质升级。

（2）资本市场配置扭曲对出口品质升级的影响渠道和机制。资本市场配置扭曲与劳动力市场配置扭曲相比，它对出口品质的影响既有相似性，又有自己的特点。总体来看，资本扭曲对出口品质升级的作用渠道主要是通过要素配置和资本市场配置扭曲度两个层面上。具体地，资本市场配置扭曲可能会改变产品生产过程中各要素的配置比例，进而影响到其配置效率。如果资本投入份额过大或过小，都很可能会降低各要素的配置效率从而抑制出口品质升级；如果资本扭曲度适中，它引起的资本投入份额也接近或达到资源合理配置的水平，那么，资本市场配置扭曲会优化要素配置效率，从而促进出口品质升级。

因此，资本市场配置扭曲对出口品质的作用渠道是扭曲先影响资本投入份额，然后资本投入份额影响各要素投入比例和配置效率，进而影响到出口品质。

（3）中间品市场配置扭曲对出口品质升级的影响渠道和作用机制。中间投入品是除了劳动力、资本要素之外企业重点投入的要素之一，中间品附加值的高低（尤其是进口中间品）直接关系着我国制造业出口品质。而中间品市场配置扭曲又存在着自己的特点。具体地，中间投入品可以分为低附加值和高附加值两大类。低附加值中间品往往存在配置负向扭曲，高附加值产品往往存在配置正向扭曲。我们认为，低附加值中间品市场配置扭曲对出口品质的影响主要体现在扭曲所引起的规模效应、研发效应和要素配置效应上。如果低附加值中间品市场配置扭曲能够引起企业大幅度扩大规模，它可能会引发规模效应，如果产生规模经济则会刺激出口品质升级，如果产生规模不经济则它很可能会抑制出口品质升级。另外，低附加值中间品的大量投入可能会改变中间品与劳动力、资本等要素的配置比例，引起要素错配效应，从而抑制出口品质升级。此外，低附加值中间品也会引发研发效应。这体现在两方面：第一，低附加值中间品的扭曲刺激企业增加投入中间品，从而降低了生产成本，轻视了研发；第二，低附加值中间品的大量投入节省了企业的成本，增加了利润，从而有助于企业有财力增加研发投入，进而有助于企业研发实力的加强。综合这两个方面我们认为，低附加值中间品市场配置扭曲的研发效应并不确定，它取决于企业自身的战略规划和对出口品质升级的重视程度。

2. 数理模型结论

基于要素市场配置扭曲对出口品质的机理分析，我们构建了要素市场配置扭曲对出口品质影响的数理分析框架，首先在理论假设基础上得出利润最大化时出口品质的关系表达式；然后引入要素市场配置扭曲因素，分别论证劳动力、资本及中间品三类要素市场配置扭曲所引起的一系列经济效应，进而得出要素市场配置扭曲情形下利润最大化时出口品质关于劳动力、资本和中间品市场配置扭曲的函数表达式；最后，对出口品质函数取扭曲的一阶导数，运用比较静态分析方法，分别得出劳动力、资本及中间品市场配置扭曲对出口品质的作用方向和制约条件。

我们得出的基本结论包括：

劳动力市场配置扭曲对出口品质存在非线性影响，并且这种影响与产品的替代弹性和出口品质升级指数密切相关。在产品的替代弹性较大时，质量升级指数越小越不利于出口品质升级；而在产品的替代弹性较小时，劳动力市场配置扭曲对出口品质的影响恰好相反。而出口品质升级指数与企业生产率、研发水平、人力资本及劳动力技能等正相关，即一般情况下，企业研发水平及生产率越低，人力资本质量越差并且劳动者技能越不熟练，则出口品质升级难度越大；反之，出口品质升级难度越小。

资本市场配置扭曲对出口品质影响方向取决于资本投入份额和资本市场配置扭曲度的双重影响：只有资本投入份额和资本市场配置扭曲度均分别小于某一临界值时，资本扭曲才会对出口品质产生促进作用；如果资本投入份额过高并且（或）资本价格配置扭曲过大超出某一临界值后，资本市场配置扭曲就会抑制出口品质升级。

中间投入品的配置扭曲对出口品质影响与其扭曲度有关。当其配置扭曲度低于某一临界值时，中间投入品存在配置正向扭曲，这种扭曲会促进出口品质升级；当其配置扭曲度高于某一临界值时，中间投入品存在配置负向扭曲，这种扭曲会抑制出口品质升级。

6.1.2 实证检验结论

在第3章理论分析结论的基础上，我们借助 2000~2007 年《中国工业企业数据库》和《中国海关数据库》的匹配数据进行了实证分析。

总体看，劳动力、资本和中间品要素市场配置扭曲会对我国制造业出口品质升级产生抑制作用，但这种抑制作用存在非线性特征。在基准回归结果基础上，我们分别对劳动力、资本和中间品市场配置扭曲对出口品质升级的影响进行了进一步的分样本检验。其中，关于劳动力市场配置扭曲对出口品质升级的影响，我们与理论假设基本一致，分别从扭曲所引致的研发效应、生产率效应、规模效应、要素配置效应以及经验累积效应等几个角度展开实证检验。检验结果表明：劳动力市场配置扭曲存在显著的研发抑制效应，从而降低了企业制造业出口品质；劳动力市场配置扭曲对企业生产率存在"先抑制后促进"的非线性影响，从而导致扭曲对制造业出口品质也存在 U 型的影响趋势；劳动力市场配置扭曲会产生显著的企业规模效应，扭曲与规模经济的并存能够显著提升出口品质，而扭曲与规模不经济的组合会恶化出口品质；劳动力市场配置扭曲会显著影响劳动力与资本等要素的配置比例（尤其是劳动密集型产品）。实证结果表明，劳动力市场配置扭曲会改善劳动力与资本要素的配置比例，恶化劳动力与中间品的配置比例，因此扭曲会显著提升资本密集型出口品质同时降低技术密集型出口品质。研究还发现，劳动力市场配置扭曲还存在显著的劳动力经验累积效应，即扭曲会使劳动力的劳动熟练程度产生非线性影响，从而对制造业出口品质存在 N 型或 M 型影响。

在资本市场配置扭曲对制造业出口品质升级的实证检验时，我们首先按照第 3 章理论假设构建理论模型，侧重从资本投入份额和资本扭曲度两个层面进行经验考察。研究发现：资本市场配置扭曲在大多情况下会显著抑制我国制造业出口品质升级，但是在资本投入份额和资本市场配置扭曲度保持在一个合理的区间时，它对出口品质升级的抑制程度会很轻甚至会促进出口品质升级。这个实证结果与理论分析结论基本保持一致，从而验证了第 3 章的理论假设。

在中间品市场配置扭曲对制造业出口品质升级的实证检验时，我们首先基于数据的可获得性，只实证考察了进口中间品市场配置扭曲对出口品质升级的影响。基于联合国对中间品的定义，我们在实证检验时区分了进口中间品的配置扭曲方向（即配置正向扭曲和配置负向扭曲），分别从附加值和中间品来源地两个层面展开了稳健性检验。研究结果表明，存在配置正向扭曲的中间品大都是高附加值的中间品，其配置扭曲会显著促进我国制造业出口品质升级；存在配置负向扭曲的中间品大都是低附加值的中间品，其配置扭曲会显著抑制出口品质升级，从而得到了稳健的研究结论，这个研究结论与第 3 章理论假设也基本保持一致。

6.2　我国制造业出口品质升级路径与政策建议

根据本书的理论与实证分析结论可知，劳动力、资本及中间品市场配置扭曲存在异质性，且各要素市场配置扭曲对制造业出口品质影响渠道、机理、影响程度或方向等均存在一些区别。鉴于此，本节关于我国制造业出口品质升级的渠道、路径和政策建议分析，我们将分别基于各要素市场（价格）的扭曲特点及各要素市场配置扭曲对我国制造业出口品质影响渠道、机理及程度等探讨我国制造业出口品质升级的路径和相应的政策建议。

6.2.1 我国制造业出口品质升级：基于劳动力市场配置扭曲的视角

根据本书分析结论可知，由于劳动力是产品生产过程中投入的活的要素，劳动力市场配置扭曲对制造业出口品质升级的影响也是比较复杂的：在扭曲短期，要素错配效应和生产率下降效应最突出，这时抑制出口品质升级的力量最显著，因此，出口品质升级会受到抑制；从扭曲中长期来看，随着劳动力生产经验的不断积累，产生了显著的经验累积效应，同时生产率也会明显提升，这些效应会显著提高出口品质；在扭曲中长期，扭曲与规模经济的组合也会显著提升出口品质。此外，研究还发现，劳动力市场配置扭曲会改善劳动力与资本要素投入的比例提高劳动力与资本要素的配置效率，从而有助于提高资本密集型制造业出口品质。换言之，在扭曲中长期，扭曲对出口品质的抑制作用会减弱甚至可能会起到促进出口品质升级的作用。

基于此，我们得出基于劳动力市场配置扭曲的我国制造业出口品质升级的路径：

（1）劳动力市场配置扭曲的市场化过程是一个必然趋势，但这个趋势应该是渐进的、平稳的过程。因为快速的劳动力市场化改革会突然增加大量的生产成本，同时在短期不会获得显著的经验累积效应和生产率提高效应。此外，快速的劳动力价格市场化改革还会继续恶化劳动力与资本要素的配置效率，从而进一步抑制资本密集型制造业出口品质。

（2）进一步完善劳动力要素市场运作的规范性，加强对人力资本的投资，对劳动力在技能培训、技能考核等环节的社会中介服务功能，注重加强对劳动力要素在上岗前的技能培训、上岗后的专业技能学习、监督和考核工作，快速提高劳动力生产技能和劳动的熟练程度。这样会大幅度降低非熟练劳动力对出口品质造成的抑制作用，也有助于我国从中低档产品生产、组装向中高端产品的生产、制造转变。受我国主要从事低附加值劳动密集型产品的生产、加工，我国劳动力也大多缺乏较熟练的劳动技能，尤其在上岗前大都缺少必要的专业技能培训，这导致劳动力市场配置扭曲使企业大量招募非熟练劳动力，从而显著降低了我国制造业出口品质。

（3）适当控制劳动密集型生产企业的规模，尽量避免规模不经济的存在。劳动密集型生产企业生产规模的快速、非理性扩张很容易产生规模不经济性，规模不经济的存在产生了大量的运转成本，降低企业的绩效和利润率，这样使得企业没有能力加强研发投入，出口品质会下降。企业规模的适度控制，会使得企业在劳动力的生产管理、劳动力的技能培训以及出口品质的监督等环节更加完善，还较容易产生规模经济，增加企业利润，从而加大企业研发投入，如此形成良性循环机制，会持续地提高企业制造业出口品质。

（4）加强企业对劳动力的绩效考核和奖惩激励制度。企业对职工工作绩效的考核，有助于调动职工工作的积极性和主动性。同时，进一步完善或规范企业对职工的奖惩用人机制，形成能者多劳、优胜劣汰的良性用人机制。尤其是在企业产品研发和升级环节，需要大力加强对研发人员的薪酬待遇，最大限度地激发其研发潜力。同时，企业应该加大对研发的投入资金，把产品的升级与研发放在非常关键的位置。只有这样，才能充分调动劳动密集型产品生产工人的工作热情、快速提高其劳动技能并且使得出口品质升级步伐加快。

（5）加强高校、科研机构等人才培养与社会需求的对接。目前，高等教育在学科设置、教育目标等方面与社会需求脱节，信息不对称现象比较突出。企业所需要的人才或专业技能可能在高校并不是重点课程，没有引起足够的重视，从而造成了人才的培养与社会需求出现错位的现象。因此，高等学校在学科设置、重点甄别以及社会应用型人才培养的方向和目标方面加强与对应产业、企业的良好沟通与协调，使得学有所用，让高校毕业生迅速找到适合自己的岗位，发挥自己的价值，从而增强出口品质在人力资本方面的积累。

（6）加强对劳动密集型产品生产的质量管理。我国企业应加强企业在出口品质认证体系等方面与国际标准的接轨，在认证程序和体系上加强对欧美发达国家的学习和借鉴，同时结合我国的实际情况，探索出一套科学、规范又适合我国基本国情的出口品质认证体系。同时，加强出口品质安全相关法律、制度等的补充和完善工作。进一步加强企业在出口品质监督、损害赔偿、惩罚等环节的制度措施，将出口品质管理标准化、规范化。

6.2.2 我国制造业出口品质升级：基于资本市场配置扭曲的视角

受经济发展战略、所有制结构及体制等方面的制约，我国资本市场配置扭曲状况非常严重，并且存在严重的资本要素地区市场分割、所有制差异等现象。根据本书的理论分析与实证检验结论，资本市场配置扭曲恶化了资本要素与劳动力等要素的配置效率，部分产业部门资本投入过度，形成较严重的产能过剩和要素低配现象。

基于本书针对资本市场配置扭曲的理论分析与实证检验结论，本书提出如下几点我国制造业出口品质升级的路径和政策建议：

（1）加快资本要素的市场化改革步伐，让资本价格尽快回归到与其边际产出对应的水平。本书的研究结论表明，资本市场配置扭曲主要通过其投入份额和资本市场配置扭曲度两个渠道影响出口品质。而资本要素市场化的进程，会提高资本的价格，使其逐步回归到与资本市场供求相对应的合理水平。这会在很大程度上缓解部分行业部门资本投入过度的现象，从而提高了资本与劳动力、中间品等的要素配置效率。同时，它也会为我国部分地区、部门的产业集聚过度、产能过剩等问题提供了解决的路径。

（2）应尽快消除资本在不同产业部门、不同所有制结构企业的价格歧视现象。长期以来，国有企业一直享受政府所给予的优惠的资本使用报酬，而民营企业却遭受到严重的融资歧视待遇。在长期享受优厚的资本使用成本过程中，国有企业及部分规模以上民营企业会盲目加大资本投入力度，使企业非理性地盲目扩张，并且造成了资本要素与其他要素的严重错配现象，同时也容易造成企业在规模不经济的状况下经营，造成企业疏于质量管理，也没有财力加强出口品质升级。在实践中，我国制造业出口品质升级缓慢甚至下降的行业部门大都是资源、能源、重工业等领域，资本配置负向扭曲使这些行业企业通过规模扩张加强了对市场的掌控力和垄断力，因而缺乏动力进行出口品质升级。

资本配置负向扭曲的显著减轻或消除会增加企业的融资成本，在很大程度上会抑制国有企业（或其他所有制类型的享受资本配置负向扭曲的企业）盲目扩张的步伐，从而注重企业的生产经营管理（尤其是质量管理）并加强对产品的研发资金和人员投入，从而有助于出口品质升级。

（3）可以适当兼顾各要素密集型行业的实际情况，针对不同要素密集度行业实行资本要素阶梯状市场化改革。本书针对资本市场配置扭曲对我国制造业出口品质升级影响的实证分析结果表明，资本市场配置扭曲对资本密集型制造业出口品质升级的抑制作用最大，而对劳动密集型或技术密集型出口品质升级抑制作用相对较轻。因此，可以考虑在资本密集型行业快速推进资本价格的市场化改革，而在劳动密集型和技术密集型行业实行与其他要素市场化改革同步的、稳健的资本价格市场化改革。这样做的依据是：如果在所有行业实施统一的快速的资本要素市场化改革，而劳动力要素市场化改革进程较慢，则会出现在劳动密集型行业劳动力与资本投入的新的错配现象，即由于资本价格的快速市场化改革使得其使用成本提高，因而企业会大幅度减少资本投入，这可能会出现劳动密集型行业中的劳动力要素投入过多，资本投入不足的局面，这会重新造成了要素的错配现象，从而抑制劳动密集型出口品质升级。同样地，在部分技术密集型行业，资本价格的快速市场化也可能使得其投入不足，从而使得该行业的规模优势受到影响，同时也可能使得资本与技术的配置产生扭曲。

（4）统筹资本要素与劳动力要素的市场化改革进程，防止出现一种要素市场化改革过快，另一种要素市场化改革进程较慢，从而使得要素配置比例被重新打乱的现象发生。本书关于资本市场配置扭曲与劳动力市场配置扭曲的交互项检验结果表明，资本市场配置扭曲与劳动力市场配置扭曲对我国制造业出口品质升级存在交互作用，即资本市场配置扭曲与劳动力市场配置扭曲的共存对出口品质升级的抑制作用比单一一种要素扭曲要轻，即两种扭曲使得企业在考虑两种要素投入比例时，不会过分偏重一种要素的投入而忽视另一种要素。同时，我们考虑到我国资本市场配置扭曲明显大于其他要素市场配置扭曲，因此，资本价格的市场化改革速度应该快于劳动力、能源等的市场化进程，但它也不能过快，以防出现与其他要素价格市场化改革进程脱节。从这个意义上来说，如何保持资本价格市场化改革速率与劳动力等要素的价格市场化改革速率保持在一个合理的区间内，是一个需要注意的问题。这也是笔者后续研究的一大方向。

6.2.3 我国制造业出口品质升级：基于中间品市场配置扭曲的视角

如上面所述，我国制造业各分行业最终产品的生产需要投入很大比例的中间品，尤其是进口中间品。而受跨国公司转移价格的影响，我国中间品进口存在比较显著的配置扭曲现象。根据本书的研究可知，进口中间品市场配置扭曲又存在配置负向扭曲和配置正向扭曲两大类，而中间品市场配置扭曲方向的不同对制造业出口品质的作用渠道和机理并不相同。基于此，我们分别从中间品配置负向扭曲和配置正向扭曲两个路径探讨我国制造业出口品质升级的路径。

1. 我国制造业出口品质升级：基于存在配置负向扭曲进口中间品的视角

受全球化战略的影响，在华跨国公司分支机构往往通过跨国公司内部的"转移价格"从跨国公司其他分支结构（或总部）进口一些中间品，从而在一定程度上避免了该类中间品市场价格波动对公司生产成本的影响。根据本书的研究发现，这类中间品以低附加值产品为主（如基础食品和饮料、基础的工业物资、基础的燃料和润滑油等均属于低附加值进口中间品）。在华跨国公司就可以"转移价格"低价购入。其实，这类产品国内市场也存在大量的供应，但在华跨国公司以比较隐蔽的"内部价格"购入，可以降低从我国国内市场购入的高成本。

（1）针对存在配置负向扭曲的中间品的进口，我们可以从进口关税、进口品征收国内税等措施进行适度限制，防止其过量输入我国国内市场。如提高对部分低附加值中间品进口的关税或指定市场准入方面的管制措施；对低附加值中间品进口征收相对较高的国内税等。

（2）在政府层面，可以通过补充、完善外资企业在物资采购方面相关的规定，尽可能地让在华外资企业更多地从其所在地市场购买国产同类中间品。

（3）我们可以加强在华跨国公司进口采购方面的监督以及在财务、纳税等方面的检查力度，从而尽可能地减少其利用内部价格低价进口此类中间品。

（4）尽快规范、完善我国低附加值中间品市场秩序。这包括：第一，在价格形成机制上要打破各地区对中间品市场的市场分割与垄断现象，形成以市场供求为基础的中间品价格形成机制；第二，加强对本国中间品质量方面的监督和管理，坚决惩治扰乱市场秩序以及假冒伪劣产品大量进入市场等现象，营造一个相对统一、规范的国内中间品市场。

（5）加大对中间品的研发力度，优化研发激励机制和奖惩制度，以提高国产中间品附加值和技术含量，尽快提高国产中间品的市场竞争力和质量水平。

2. 我国制造业出口品质升级：基于存在正向配置扭曲进口中间品的视角

根据已有文献和本书相关分析可知，我国进口的中间品大多附加值较高，并且这类中间品往往存在正向扭曲（价格溢价）。本书的实证分析结果表明，进口中间品配置正向扭曲会显著促进我国制造业出口品质升级。

高附加值中间品进口会促进我国制造业出口品质升级，并且附加值越高，其对出口品质的贡献越大。但发达国家往往通过溢价的形式来出口这些产品，我们需要以支付与其机会成本并不匹配的价格才能得到这些中间品。也就是说，我们对此类高附加值并且存在配置正向扭曲的中间品进口要付出高昂的代价才能换来我国制造业出口品质升级。

针对上述结论及基本情况，本书给出了如下关于我国制造业出口品质升级的路径和政策建议：

第一，尽可能让中间品进口多元化，这样可以在一定程度上摆脱少数国家的出口垄断，降低其购买价格。实现进口多元化之后，我们可以进口更多数量的中间品，从而有助于加快我国制造业出口品质升级的步伐。

第二，在积极引进高附加值中间品的同时，应该切实加强对此类产品包含技术的消化、吸收、改良和创新。加大中间品的研发投入力度，尽可能地清除阻碍其技术外溢的各种体制机制的障碍，让我国企业最大限度地通过技术溢出效应掌握外来技术，提高我国企业自身对中间品的研发和升级能力。

第三，积极开展战略资产寻求型对外直接投资，通过对海外同类企业的收购、并购或设立新的企业等形式，以获取对我方企业有力的战略资产。同时，加强与海外同类企业在研发、产品设计等方面的横向联合，以最大限度地实现技术外溢效应。

第四，国内中间品制造企业应该在产品研发、技术创新等环节加强横向或纵向的联合，整合各方资源，优化配置各要素，从而壮大研发实力，加快中间品质量升级步伐。

第五，通过政府的积极配合和参与，形成以"高校（科研院所机构等）—企业—政府"为主体的国家创新体系。中间品研发与制造企业应该加强与高校（科研机构等）在中间品研发、升级层面的合作，高校（科研院所、机构）可以侧重相关理论研究的工作，理论成果可以由企业消化、吸收、改良然后投入使用。政府应该提供一个良好的政策、制度的保障和便捷、优惠的融资渠道，鼓励企业、高校（科研院所机构等）的强强联合；此外，政府可以运作形成更多的"企业孵化器"，从而让更多的企业参与到中间品的研发、生产制造中，这将非常有利于该产业的迅速成长和壮大。

参考文献

[1] 蔡昉、王德文、都阳：《劳动力市场配置扭曲对区域差距的影响》，载《中国社会科学》2001年第2期。

[2] 陈乐一、邵成芳：《中国经济内外失衡关系的研究》，载《山西财经大学学报》2008年第6期。

[3] 陈林、刘小玄：《产业规制中的规模经济测度》，载《统计研究》2015年第1期。

[4] 陈林、罗莉娅、康妮：《行政垄断与要素市场配置扭曲——基于中国工业全行业数据与内生性视角的实证检验》，载《中国工业经济》2016年第1期。

[5] 陈朋裕：《要素市场配置扭曲、产业结构优化与市场准入放宽》，载《经济问题》2016年第8期。

[6] 陈清萍、鲍晓华：《融资约束、金融发展与我国企业制造业出口品质——基于银行信贷和商业信贷的双重视角》，载《现代财经》2014年第5期。

[7] 陈晓华、刘慧：《要素市场配置扭曲、外需疲软与中国制造业技术复杂度动态演进》，载《财经研究》2014年第7期。

[8] 陈晓华、沈成燕：《出口持续时间对制造业出口品质的影响研究》，载《国际贸易问题》2015年第1期。

[9] 陈彦斌、马啸、刘哲希：《要素市场配置扭曲、企业投资与产出水平》，载《世界经济》2015年第9期。

[10] 陈勇兵、李燕、周世民：《中国企业持续出口时间及其决定因素》，载《经济研究》2012年第7期。

[11] 陈永伟、胡伟民：《配置扭曲、要素错配和效率损失：理论和应用》，载《经济学（季刊）》2011年第10期（第四卷）。

[12] 程时雄、柳剑平：《中国工业行业R&D投入的产出效率与影

响因素》，载《数量经济技术经济研究》2014年第2期。

[13] 程娅昊、钟声：《中国生产要素市场配置扭曲的实证分析》，载《山东社会科学》2014年第1期。

[14] 杜威剑、李梦洁：《目的国市场收入分配与制造业出口品质——基于中国企业层面的实证检验》，载《当代财经》2015年第10期。

[15] 杜威剑、李梦洁：《对外直接投资会提高企业制造业出口品质吗——基于倾向得分匹配的变权估计》，载《国际贸易问题》2015年第8期。

[16] 樊海潮、郭光远：《出口价格、出口质量与生产率间的关系：中国的证据》，载《世界经济》2015年第2期。

[17] 范志勇、毛学峰：《开放条件下中国收入增长的效率及结构特征：1981-2010》，载《经济研究》2013年第3期。

[18] 高晓娜、兰宜生：《产能过剩对制造业出口品质的影响》，载《国际贸易问题》2016年第10期。

[19] 高越、李荣林：《国际市场竞争与中国制造业出口品质的提高》，载《产业经济研究》2015年第3期。

[20] 耿伟：《要素市场配置扭曲是否提升了中国企业出口多元化水平？》，载《世界经济研究》2013年第9期。

[21] 郝枫、赵慧卿：《中国市场配置扭曲测度：1952-2005》，载《统计研究》2010年第6期。

[22] 黄益平：《中国增长放缓、风险加剧》，载《国际经济评论》2009年第1期。

[23] 简泽：《配置扭曲、跨企业的资源配置与制造业部门的生产率》，载《中国工业经济》2011年第1期。

[24] 蒋含明：《要素市场配置扭曲与我国居民收入差距扩大》，载《统计研究》2013年第12期。

[25] 蒋含明：《市场潜能、要素市场配置扭曲与异质性企业选址——来自于中国微观企业的经验证据》，载《产业经济研究》2015年第4期。

[26] 姜学勤：《要素市场配置扭曲与中国宏观经济失衡》，载《长江大学学报（社会科学版）》2009年第1期。

[27] 金花：《要素市场配置扭曲对我国对外贸易转型升级的影响

及对策研究》，载《价格月刊》2015年第12期。

[28] 景光正、李平：《OFDI是否提升了中国的制造业出口品质》，载《国际贸易问题》2016年第8期。

[29] 康志勇：《赶超行为、要素市场配置扭曲对中国就业的影响》，载《中国人口科学》2012年第1期。

[30] 雷达、张胜满：《超越要素市场配置扭曲的新"外向型"发展战略——基于二元边际分析与产品内分工双重视角的实证研究》，载《经济理论与经济管理》2015年第7期。

[31] 李怀建、沈坤荣：《制造业出口品质的影响因素分析——基于跨国面板数据的检验》，载《产业经济研究》2015年第6期。

[32] 李静、彭飞、毛德凤：《资源错配与中国工业企业全要素生产率》，载《财贸研究》2012年第5期。

[33] 李坤望、蒋为、宋立刚：《中国出口产品品质变动之谜：基于市场进入的微观解释》，载《中国社会科学》2014年第3期。

[34] 李坤望、王有鑫：《FDI促进了中国制造业出口品质升级吗——基于动态面板系统GMM方法的研究》，载《世界经济研究》2013年第5期。

[35] 李平、季永宝：《要素市场配置扭曲是否抑制了我国企业自主创新？》，载《世界经济研究》2014年第1期。

[36] 李秀芳、施炳展：《补贴是否提升了企业制造业出口品质？》，载《中南财经政法大学学报》2014年第4期。

[37] 李秀芳、施炳展：《中间品进口多元化与中国企业制造业出口品质》，载《国际贸易问题》2016年第3期。

[38] 李永、王砚萍、孟祥月：《要素市场配置扭曲是否抑制了国际技术溢出》，载《金融研究》2013年第11期。

[39] 李玉梅：《对外直接投资区位选择对我国制造业出口品质的影响》，载《山东社会科学》2016年第7期。

[40] 林秀梅、孙海波：《中国制造业制造业出口品质升级研究——基于知识产权保护视角》，载《产业经济研究》2016年第3期。

[41] 林雪、林可全：《中国要素市场配置扭曲对经济失衡的影响研究》，载《上海经济研究》2015年第8期。

[42] 刘洪铎、陈和、李文宇：《产业集聚对制造业出口品质的影

响效应研究——基于中国胜绩面板数据的实证分析》，载《当代经济研究》2016年第7期。

［43］刘晓宁、刘磊：《贸易自由化对制造业出口品质的影响效应——基于中国微观制造业企业的实证研究》，载《国际贸易问题》2015年第8期。

［44］刘怡、耿纯：《出口退税对制造业出口品质的影响》，载《财政研究》2016年第5期。

［45］卢峰、姚洋：《金融压抑下的法治、金融发展与经济增长》，载《中国社会科学》2004年第1期。

［46］罗丽英、齐月：《技术创新效率对我国制造业制造业出口品质升级的影响研究》，载《国际经贸探索》2016年第4期。

［47］马述忠、吴国杰：《中间品进口、贸易类型与企业制造业出口品质——基于中国企业微观数据的研究》，载《数量经济技术经济研究》2016年第11期。

［48］毛其淋：《要素市场配置扭曲与中国工业企业数据库——基于贸易自由化视角的分析》，载《金融研究》2013年第2期。

［49］莫莎、欧佩群：《生产性服务业集聚对制造业出口品质的影响分析——基于我国275个地级城市的证据》，载《国际商务》2016年第5期。

［50］聂辉华、江艇、杨汝岱：《中国工业企业数据库的使用现状和潜在问题》，载《世界经济》2012年第5期。

［51］彭冬冬、杨德彬、苏理梅：《环境规制对制造业出口品质升级的差异化影响——来自中国企业微观数据的证据》，载《现代财经》2016年第8期。

［52］施炳展：《FDI是否提升了本土企业制造业出口品质》，载《国际商务研究》2015年第2期。

［53］施炳展：《中国企业制造业出口品质异质性：测度与事实》，载《经济学（季刊）》2014年第1期。

［54］施炳展、邵文波：《中国企业制造业出口品质测算及其决定因素》，载《管理世界》2014年第9期。

［55］施炳展、王有鑫、李坤望：《中国出口产品品质测度及其决定因素》，载《世界经济》2013年第9期。

[56] 施炳展、冼国明：《要素市场配置扭曲与中国工业企业出口行为》，载《中国工业经济》2012年第2期。

[57] 史晋川、赵自芳：《所有制约束与要素市场配置扭曲——基于中国工业行业数据的实证分析》，载《统计研究》2007年第6期。

[58] 盛仕斌、徐海：《要素市场配置扭曲的就业效应研究》，载《经济研究》1999年第5期。

[59] 苏理梅、彭冬冬、兰宜生：《贸易自由化是如何影响我国制造业出口品质的——基于贸易政策不确定性下降的视角》，载《财经研究》2016年第4期。

[60] 孙楚仁、于欢、赵瑞丽：《城市制造业出口品质能从集聚经济中获得提升吗》，载《国际贸易问题》2014年第7期。

[61] 孙林、卢鑫、钟钰：《中国制造业出口品质与质量升级研究》，载《国际贸易问题》2014年第5期。

[62] 唐杰英：《要素市场配置扭曲对出口的影响——来自中国制造业的实证分析》，载《世界经济研究》2015年第6期。

[63] 汪建新：《贸易自由化、质量差距与地区制造业出口品质升级》，载《国际贸易问题》2014年第10期。

[64] 汪建新、黄鹏：《信贷约束、资本配置和企业制造业出口品质》，载《财贸经济》2015年第5期。

[65] 汪建新、贾圆圆、黄鹏：《国际生产分割、中间投入品进口和制造业出口品质》，载《财经研究》2015年第4期。

[66] 王芃、武英涛：《能源产业配置扭曲与全要素生产率》，载《经济研究》2014年第6期。

[67] 王明益：《内外资技术差距与中国制造业出口品质升级研究》，载《经济评论》2013年第6期。

[68] 王明益：《中国制造业出口品质提高了吗》，载《统计研究》2014年第5期。

[69] 王明益：《要素市场配置扭曲会阻碍制造业出口品质升级吗——基于中国的经验证据》，载《国际贸易问题》2016年第8期。

[70] 王明益、戚建梅：《我国制造业出口品质升级：基于劳动力市场配置扭曲的视角》，载《经济学动态》2017年第1期。

[71] 王宁、史晋川：《中国要素市场配置扭曲程度的测度》，载

《数量经济技术经济研究》2015 年第 9 期。

[72] 王宁、史晋川：《要素市场配置扭曲对中国投资消费结构的影响分析》，载《财贸经济》2015 年第 4 期。

[73] 王涛生：《中国制造业出口品质对出口竞争新优势的影响研究》，载《经济学动态》2013 年第 1 期。

[74] 王希：《要素市场配置扭曲与经济失衡之间的互动关系》，载《财贸研究》2012 年第 4 期。

[75] 夏晓华、李进一：《要素价格异质性扭曲与产业结构动态调整》，载《南京大学学报（哲学社会科学版）》2012 年第 3 期。

[76] 冼国明、程娅昊：《多种要素扭曲是否推动了中国企业出口》，载《经济理论与经济管理》2013 年第 4 期。

[77] 谢攀、林致远：《地方保护、要素市场配置扭曲与资源误置——来自 A 股上市公司的经验证据》，载《财贸经济》2016 年第 2 期。

[78] 徐长生、刘望辉：《劳动力市场配置扭曲与中国宏观经济失衡》，载《统计研究》2008 年第 5 期。

[79] 许和连、王海成：《最低工资标准对企业制造业出口品质的影响研究》，载《世界经济》2016 年第 7 期。

[80] 许明：《提高劳动报酬有利于企业制造业出口品质升级吗》，载《经济评论》2016 年第 5 期。

[81] 姚战琪：《生产率增长与要素再配置效应：中国的经验研究》，载《经济研究》2011 年第 11 期。

[82] 杨帆、徐长生：《中国工业行业配置扭曲程度测定》，载《中国工业经济》2009 年第 9 期。

[83] 袁鹏、杨洋：《要素市场配置扭曲与中国经济效率》，载《经济评论》2014 年第 2 期。

[84] 殷德生：《中国入世以来制造业出口品质升级的决定因素与变动趋势》，载《财贸经济》2011 年第 11 期。

[85] 于立新、王栋：《我国内外经济均衡发展与宏观调控》，载《宏观经济研究》2012 年第 5 期。

[86] 张杰：《金融抑制、融资约束与制造业出口品质》，载《金融研究》2015 年第 6 期。

[87] 张杰、翟福昕、周晓艳：《政府补贴、市场竞争与制造业出

口品质》，载《数量经济技术经济研究》2015年第4期。

[88] 张杰、郑文平、翟福昕：《中国制造业出口品质得到提升了么》，载《经济研究》2014年第10期。

[89] 张杰、周晓艳、李勇：《要素市场配置扭曲抑制了中国企业R&D?》，载《经济研究》2011年第8期。

[90] 张杰、周晓艳、郑文平、芦哲：《要素市场配置扭曲是否激发了中国企业出口》，载《世界经济》2011年第8期。

[91] 张凌霄、王明益：《企业对外投资动机与母国制造业出口品质升级》，载《山东社会科学》2016年第9期。

[92] 张明志、铁瑛：《工资上升对中国企业制造业出口品质的影响研究》，载《经济学动态》2016年第9期。

[93] 张胜满、张继栋、杨筱姝：《要素市场配置扭曲如何影响了企业出口》，载《现代财经》2015年第6期。

[94] 张曙光：《中国经济的市场化转轨过程：描述和分析》，载《社会科学战线》2007年第4期。

[95] 张曙光、程炼：《中国经济转轨过程中的要素市场配置扭曲与财富转移》，载《世界经济》2010年第10期。

[96] 张幼文：《政策引致性扭曲的评估与消除》，载《学术月刊》2008年第1期。

[97] 赵春明、张群：《进口关税下降对进制造业出口品质的影响》，载《经济与管理研究》2016年第9期。

[98] 赵自芳、史晋川：《中国要素市场配置扭曲的产业效率损失——基于DEA方法的实证分析》，载《中国工业经济》2006年第10期。

[99] 郑振雄、刘艳彬：《要素市场配置扭曲下的产业结构演进研究》，载《中国经济问题》2013年第3期。

[100] 朱喜、史清华、盖庆恩：《要素市场配置扭曲与农业全要素生产率》，载《经济研究》2011年第5期。

[101] 踪家峰、杨琦：《要素扭曲影响中国的出口技术复杂度了吗?》，载《吉林大学社会科学学报》2013年第2期。

[102] Amit, K., "The Long and Short of Quality Ladders," *Review of Economic Studies*, 2011, 77 (4), 1450 – 1476.

[103] Amiti, M. and Khandelwal, A., "Import Competition and Qual-

ity Upgrading", *Review of Economic and Statistics*, 2013, Vol. 95, pp. 476 - 490.

[104] Aoki, S., "A Simple Accounting Framework for the Effect of Resource Misallocation on Aggregate Productivity," MPRA Working Paper, 2009.

[105] Atkinson, S. E., Halvorsen R., "A Test of Relative and Absolute Price Efficiency in Regulated Utilities," *Review of Economics and Statistics*, 1980, 62 (1): 81 -88.

[106] Atkinson, S. E., Halvorsen R., "Parametric Efficiency Tests, Economic of Scale, and Input Demand in U. S. Electric Power Generation", *Review of Economics and Statistics*, 1984, Vol. 25 (3), pp. 647 -662.

[107] Baldwin, R., and J. Harrigan, "Zeros, Quality, and Space: Trade Theory and Trade Evidence," *American Economic Journal: Microeconomics*, 2011, (3), 60 -88.

[108] Bas, M., & V. Strauss - Kahn, "Input - Trade Liberalization, Export Prices and Quality Upgrading", FREIT Working Paper, 2012, No. 571.

[109] Bhagwati, J. N., "Distortions and Immiserizing Growth: A Generalization", *Review of Economic Studies*, 1968, Vol. 35, pp. 481 -485.

[110] Bhagwati, J. N., "The Generalized Theory of Distortions and Welfare", In (J. Bhagwati et al.) Trade Balance of Payments and Growth: Papers in Honor of Charles P. Kindleberger. Amsterdam: North - Holland, 1971.

[111] Boldrin, M. and Levine, D. K., "Rent - seeking and Innovation", *Journal of Monetary Economics*, 2004, Vol. 51, pp. 127 -160.

[112] Claessens, S., Feijen, E. and Laeven, L., "Political Connections and Preferential Acess to Finance: The Role of Campaign Contributions", *Journal of Financial Economics*, 2008, Vol. 88 (3), pp. 554 - 580.

[113] Connolly, B. A., Hirsch, B. T. and Hirschey, M., "Union Rent seeking, Intangible Capital, and Market Value of the Firm", *Review of Economics and Statistics*, 1986, Vol. 68 (4), pp. 567 -577.

[114] Crozet, M., K. Head, and T. Mayer, "Quality Sorting and Trade: Firm Level Evidence for French Wine," *Review of Economic Studies*, 2012, 79 (2), 609 – 644.

[115] Dickens, M., Lang K., "The Reemergence of Segment of Labor Market Theory", *American Economic Review*, 1988, Vol. 78 (2), pp. 129 – 134.

[116] Dollar, D., S. J., Wei, "Firm Ownership and Investment Efficiency in China", NBER Working Paper 13103, 2007.

[117] Feenstra, R., "New Product Varieties and the Measurement of International Prices," *American Economic Review*, 1994, 84 (1): 157 – 177.

[118] Feenstra, R., Z. Y. Li. & M. J. Yu, "Exports and Credit Constraints Incomplete Information: Theory and Evidence from China", *Review of Economics and Statistics*, 2013, forthcoming.

[119] Flam, H., and E. Helpman, "Vertical Product Differentiation and North – South Trade", Stockholm University Department of Economics Research Paper, No. 2010: 16.

[120] Fajgelbaum, P., G. M. Grossman and E. Helpman, "Income Distribution, Product Quality and International Trade", *Journal of Political Economy*, 2011, Vol. 119, pp. 721 – 765.

[121] Falvey, R. E. and H. Kierzkowski, "Product Quality, Intra – Industry Trade and Imperfect Competition", in Kierzkowski (ed), Protection and Competition in International Trade: Essays in honor of W. M. 1987, Corden, Oxford: Basil Blackwell.

[122] Fan, C. S. "Increasing Returns, Product Quality and International Trade", *Econometrica*, 2005, Vol. 72, pp. 151 – 1169.

[123] Garbaccio, R., "Price Reform and Structural Change in the Chinese Economy Policy: Policy Simulations Using a CGE Model," *China Economic Review*, 1994, 6: 1 – 34.

[124] Garvin, D. A., "What Does Product Quality Really Mean", *Sloan Management Review*, 1984, Vol. 26, pp. 25 – 43.

[125] Gervais, A., "Product Quality and Firm Heterogeneity in Inter-

national Trade", 2009, Mimeo.

［126］Grossman, G. and E. Helpman, "Quality Ladders and Product Cycles", *Quarterly Journal of Economics*, 1991, Vol. 106, pp. 557 – 586.

［127］Haichao Fan. , Y. A. Li , and S. R. Yeaple. , "Trade Liberalization, Quality, and Export Prices", NBER Working Papers, 2014.

［128］Hallak, J. , "Product Quality and Direction of Trade," Journal of International Economics, 2006, 68 (1): 238 – 265.

［129］Hallak, J. , and P. Schoot, "Estimating Cross – Country Differences in Product Quality," Quarterly J*ournal of Ecnomics*, 2011, 126 (1): 417 – 474.

［130］Hallak, J. , and J. Sivadasan, "Productivity, Quality and Export Behavior under Minimun Quality Requirements," NBER Working Paper No. 14928, 2009.

［131］Hausman, R. , J. Hwang, and D. Rodrik, "What You Export Matters," *Journal of Economic Growth*, 2007, 12 (1): 1 – 25.

［132］Hausman, J. , "Valuation of New Goods under Perfect and Imperfect Competition", in Bresnahan and Gordoneds, *The Economics of New Goods*, NBER Working Paper, 1996.

［133］Hsieh, C. T. & Klenow P. J. , "Misallocation and Manufacturing TFP in China and India," *Quarterly Journal of Economics*, 2009, 124 (4): 1403 – 1448.

［134］Hummels, C. T. & P. Klenow, "The Variety and Quality of a Nation's Exports," *American Economic Review*, 2005, 95 (3): 704 – 723.

［135］Hummels, D. , and A. Skiba, "Shipping the Good Apples Out? An Empirical Confirmation of the Alchian – Allen Conjecture," *Journal of Political Economics*, 2004, 112, 1384 – 1402.

［136］Jara – Diaz, Sergio , F. J. Ramos – Real , and E. Martinez – Budria. (2004), "Economies of Integration in the Spanish Electricity Industry using a Multistage Cost Function", *Energy Economics*, 6 (3): 995 – 1013.

［137］Joel, M. D. , "Competition, Innovation, and the Sources of Product Quality and Productivity Growth," 2011, Mimeo.

[138] Johnson, H. G. "Factor Market Distortion and the Shape of the Transformation Curve," Econometrica, 1966, 34 (3): 686 –698.

[139] Johnson, R. , "Trade and Prices with Heterogeneous Firms," Journal of International Economics, 2012, 86: 43 –56.

[140] Khandelwal, A. , "The Long and Short of Quality Ladders", Review of Economics Studies, 2010, 77 (4): 1450 –1476.

[141] Khwaja, A. I. and Mian, A. , "Do Lenders Favor Politically – Connected Firms? Rent Provision in and Emerging Financial Market", Quarterly Journal of Economics, 2005, Vol. 20 (4), pp. 1371 –1401.

[141] Kugler, M. , and E. Verhgoogen, "Prices, Plants Size, and Product Quality," Review of Economic Studies, 2012, 79 (1): 307 –339.

[143] Luong, T. A. , R. Huang & S. Li (2013), "Ethnic Diversity and the Quality of Exports: Evidence from Chinese Firm – Level Data", FREIT Working Paper.

[144] Magee, S. P. , "Factor Market Distortion, Production, and Trade: A Survey," Oxford Economic Papers, New Series, 1973, 25 (1): 1 –43.

[145] Manova, K. , and Z. Zhang, "Export Prices Across Firms and Destinations," Quarterly Journal of Economics, 2012, 127 (1): 379 –436.

[146] Mark, J. , D. Yi Xu, Fan X. Y. & Sheng, Z. , "A Structural Model of Demand Cost and Export Market Selection for Chinese Footwear Products", 2012, Mimeo.

[147] Melitz, M. , "The Impact of Trade on Intra – industry Reallocation and Aggregate Industry Productivity", Econometrica, 2003, Vol. 71, pp. 1695 –1725.

[148] Motta, M. , "Endogenous Quality Choice: Price vs. Quantity Competition", Journal of Industrial Economics, 1993, Vol. 41, pp. 113 –131.

[149] Mundlak, Y. , "Further Implications of Distortion in the Factor Market," Econometrica, 1970, 38 (3): 517 –535.

[150] Murphy, K. M. , Shleifer, A. and Vishy, R. , "Why is Rent –

Seeking Costly to Growth", *American Economic Review*, 1993, Vol. 83 (2), pp. 409 – 414.

[151] Nevo, A., "Measuring Market Power in the Ready – to – Eat Cereal Industry", *Econometrica*, 2001, 69 (6): 307 – 342.

[152] Piveteau, P., and G. Smagghue, "A New Method for Quality Estimation Using Trade Data: An Application to French Firms", Mimeo, 2013, September.

[153] Rader, T., "The Welfare Loss from Price Distortions," *Econometrica*, 1976, 44 (3): 1253 – 1257.

[154] Rodrik, D., "What is So Special about China's Export," NBER Working Paper No. 11947, 2006.

[155] Shin, R. T. & Johns Ying, "Unnatural Monopolies in Local Telephone", *Journal of Economics*, 1992, 17 (2): 171 – 183.

[156] Schott, P., "Across – Product versus Within – Product Specialization in International Trade", *Quarterly Journal of Economics*, 2004, 119 (4): 647 – 678.

[157] Seddon, D. & R. Wacziarg, "Review of Easterly's the Elusive Quest for Growth", *Journal of Economic Literature*, 2002, 40 (3): 907 – 918.

[158] Skoorka, B. M., "Measuring Market Distortion: International Comparisons, Policy and Competitiveness," *The Applied Economics*, 32 (3): 253 – 264.

[159] Torvik, R., "Natural Resources, Rent Seeking and Welfare", *Journal of Development Economics*, 2002, Vol. 67, pp. 455 – 470.

[160] Verhoogen, E., "Trade, Quality Upgrading and Wage Inequality in the Mexican Manufacturing Sector," *Quarterly Journal of Economics*, 2008, 123 (2): 489 – 530.

[161] Young, A., "The razor's Edge: Distortions and Incremental Reform in the People's Republic of China," *Quarterly Journal of Economics*, 2000, 115: 1091 – 1135.